本书系“中国古代体育文物调查与数据库建设”项目成果（项目号：15ZDB146）

《中国古代体育文物·华北卷》编委会

中国古代体育文物

主编：毛丽娟　本卷主编：崔乐泉

华北卷

读者出版传媒股份有限公司
甘肃教育出版社

图书在版编目（CIP）数据

中国古代体育文物. 华北卷 / 毛丽娟主编 ; 崔乐泉本卷主编. -- 兰州 : 甘肃教育出版社, 2021.4
ISBN 978-7-5423-5005-3

Ⅰ. ①中… Ⅱ. ①毛… ②崔… Ⅲ. ①古代体育－文物－华北地区 Ⅳ. ①K875.4

中国版本图书馆CIP数据核字(2020)第252661号

中国古代体育文物·华北卷

主　　编　毛丽娟

本卷主编　崔乐泉

项目策划　薛英昭　孙宝岩
项目负责　谢　璟
责任编辑　张　静
封面设计　石　璞

出　版　甘肃教育出版社
社　址　兰州市读者大道 568 号　730030
网　址　www.gseph.cn　　E-mail　gseph@duzhe.cn
电　话　0931-8439931(编辑部)　0931-8435009(发行部)
传　真　0931-8773056
淘宝官方旗舰店　http://shop111038270.taobao.com

发　行　甘肃教育出版社　　印　刷　兰州人民印刷厂
开　本　890 毫米×1240 毫米　1/16　印 张 22　插 页 4　字 数 218 千
版　次　2021 年 4 月第 1 版
印　次　2021 年 4 月第 1 次印刷
印　数　1~1 000
书　号　ISBN 978-7-5423-5005-3　　定　价　220.00 元

总 序

首席专家 毛丽娟

中国文化历来讲究器以载道，物以承文。体育文物，是人类创造的物质文化和精神文化的物化遗存，作为一定历史时期的社会产物，它也是人类社会历史的一种凝固形态的展现。除了其固有的审美和体育价值外，体育文物还蕴含着丰富多彩的历史、科技、文化等文明信息。以此出发，我们对体育文物的科学研究，除了要更好地保存其物化形态，更重要的是要把其放在相应的时代背景下考察、探寻体育文物赖以产生和存在的社会历史状态，解读它所承载的诸多文明信息。作为一种有着悠久历史的古老文化，中华民族传统体育文化具有民间性、民俗性、民族性和娱乐性，是中华民族传统文化的重要组成部分。

近几十年来，随着我国体育文物在考古中的发掘、发现，体育文物研究已为海内外同行所瞩目。究其原因，文物资料较之文献资料而言，既具实证性、可信度，又形象可感，是研究体育发展、体育文化和人类古代体育活动不可或缺的“新材料”，尤其是体育历史的研究更应好好利用体育文物。

体育文物研究的对象很广，从玉器、陶器、瓷器、青铜器、铁器、金银器、木器、骨角器、竹器，到岩画、壁画、砖画、石刻、简牍等等，都在研究范围之列。这些文物按时代来分，可分为史前时期体育文物和历史时期体育文物；按存在形态来分，可分为不可移动文物和可移动文物。但基本包括了地下出土文物与地上文物两大类。出土文物有偶发性、不可再生性，数量相对固定，但随着考古学的发展和人们对文物资料的日益重视，散见于各地的体育文物的再发现和再增加，将为今后的体育历史研究提供更加广阔的空间。

在体育文物研究中，最大的问题是如何正确解释文物与体育之间的关系。尤其是在对古代体育的研究上，要正确地认识和恰当地解释体育文物的功用，必须要有丰富的文献资料相佐证。因而在体育文物研究中，文献资料与文物资料都是不可缺少的。

我国拥有大量的体育文物。这些体育文物见证了我国的悠久历史和灿烂文化，是我们进行体育历史文化研究的重要实物物证。它们在以自己的真实性和形象性帮助人们认识我国体育历史和文化的同时，对于我们提高民族自信心，增强民族自豪感，振奋民族精神也发挥着无可替代的作用。

为切实了解我国现存体育文物的状况并对其进行研究，2015年11月5日，由上海体育学院承担的“中国古代体育文物调查与数据库建设”重大项目获得了国家社科规划办的立项（项目号：15ZDB146）。此后，上海体育学院联合全国30余所大专院校和文博机构的专家学者，分区对全国各地的古代体育文物进行了大规模、长时间、内容广泛的调研。在各地文博部门的大力支持和广大体育专家学者的辛勤努力下，此次体育文物调研工作取得了前所未有的成绩。为了对此次体育文物调研成果进行系统整理和科学总结，“中国古代体育文物调查与数据库建设”课题组编写了这套“中国古代体育文物”丛书。作为“中国古代体育文物调查与数据库建设”项目的成果之一，本套丛书分为西北卷、西南卷、华南卷、华东卷、华北卷、东北卷、华中卷、武艺卷和综合卷九卷。丛书力图运用图像形式，对本次体育文物调研所获的大量实物资料进行科学的概括和整理，较为全面地记录中国已知的现存古代体育文物状况，反映中国古代体育文物的重大发现和研究成果。

编辑出版多卷本大型体育文物图集在我国尚属首次。作为一项极其复杂艰巨的工作，书中难免有错。不妥之处敬祈广大读者批评指正。

前 言

本卷主编　崔乐泉

华北地区，在自然地理上一般指秦岭—淮河线以北、长城以南的中国的广大区域。在政治、经济层面上，华北地区地理范围包括了北京市、天津市、河北省、山西省和内蒙古中部（呼和浩特市、包头市、锡林郭勒盟）。但鉴于内蒙古西部属草原沙漠地区，气候严寒干旱，在地理意义上与华北并不是一个概念，故在本图录的区域划分上，将内蒙古自治区与东北地区归为一个区域进行介绍，本图录不涉内蒙古自治区。

早期的华北地区隶属古九州之一的“冀州”。春秋时期，华北地区为晋国、燕国、卫国及戎狄所建中山国、代国、鲜虞等国辖地。经过赵魏韩三家分晋后战国时期的华北又成为赵国、魏国、韩国、燕国辖地。秦始皇统一六国，华北则为雁门、代、上谷、太原、邯郸、巨鹿、上党、河东、河内等九郡辖地。魏晋南北朝时期，鲜卑族拓跋珪统一北方，定都平城，后迁都洛阳，华北遂为北魏领地、后为东魏、北齐、北周辖地。隋代统一全国后，华北地区属冀州刺史部。唐代贞观元年（627 年），分全国为十道，华北为河北道与河东道辖地。北宋太平兴国，宋师北征统一北方，华北为河东路、河北西路、河北东路三路辖地。自金灭北宋及至元三年 (1266 年) 忽必烈统一全国，华北地区由中书省直辖。明洪武元年 (1368 年) 朱元璋于南京称帝后，华北地区逐渐改为山西布政使司、直隶布政使司，两个承宣布政使司。清代崇德元年 (1636 年)，华北地区复为山西、直隶两省。民国三年 (1914 年)，华北地区为山西、察哈尔、绥远、直隶、热河 5 省。1949 年 10 月 1 日中华人民共和国成立后，经过多次规划，划定了现在华北地区的涉省、区、市范围。

华北地区的古代体育源远流长，其初始可以上溯到史前时期的蛮荒时代。远古的先民们在聚生群处采集渔猎的生活中，逐渐创造出不少生产工具，如石球、石镞、舟楫、钓钩等。由于求食与自卫的需要，在人们发挥这些原始工具的使用效用时，投掷、射箭、游泳、奔跑、跳跃、攀登以及垂钓等成为他们日常生活中最普遍的肢体活动。而人类最初的体育运动的雏形，便是由此孕育的。这里，推动原始体育运动的产生和发展，并使其日益呈现体系化的，除了人类生产技能和器械的进化之外，还有原始的军事活动、教育、娱乐、宗教祭祀以及医疗活动等等。而原始的军事战争的出现，更直接加速了古代早期体育活动的发展。

几十年来，随着史学研究的不断深入，随着文物考古工作的蓬勃发展，大量的有关展示中国古代体育活动形式的资料被发掘出来。这些形象资料，既有古代的雕塑和绘画作品，又有器物上的装饰图案；既有专门表现特有运动形式的古代艺术品，更有历史古籍所载录的古代体育项目的形象描绘。这些资料，大都具有较高的科学价值和艺术水平，不仅可以使我们得到一定启发和产生遐想，更使我们对中国古代丰富多彩的体育活动形式，有了较为完整和充分的了解。本图录将华北地区的古代体育活动分为射箭与狩猎、武艺武术、角力与摔跤、练力与举重、跑跳投、球类活动、保健养生、水上运动、冰雪运动、百戏技巧、棋牌博弈、御术与马术和民俗游乐十三大类，涉及五十余项具体的体育活动形式。

射箭与狩猎，是华北地区体育活动中的一项重要内容。在距今两万八千多年前的山西峙峪旧石器时代文化遗址中，就发现了射箭用的石箭头，表明当时已经使用弓箭。延至商周时代，石制的箭镞被大量铸制的青铜箭镞所代替，其作用也越来越大，在社会生活中的地位相对得到提升。故宫博物院收藏的战国青铜器上的宴乐渔猎攻战纹图壶纹饰，明显地展示了当时贵族阶层以射箭为礼乐的活动情景。自秦汉以迄隋唐，射箭运动在比赛及射猎活动中得到了更为广泛的普及。这一时期的画像石、画像砖、陶俑、壁画，甚至日用生活品铜镜的纹饰上面，都有许多反映射箭内容的作品。宋元以后，由于现代火器的发明和使用，射箭活动中的军事、礼仪等意义日渐削弱，而与此同时，它的竞赛性和娱乐性作用却逐渐加强。特别是明清时期，作为一项传统的运动项目，更得到了进一步的提倡。从故宫博物院所收藏的《康熙南巡图》和《乾隆射箭图》中有关射箭竞赛活动的描述，可以看出射箭活动在当时发展的盛况。而我国现代的射箭运动，就是继承了这一古代的射箭传统，并在吸收了近代世界射箭技术的基础上发展起来的。

武艺武术类体育活动，是伴随着人类社会生活的进步而逐步发展起来的。器械，是传统武术的基础，其最初是伴随着狩猎和战争的出现而发展起来的，后来的诸多武术器械，实际上就是源于古代的某些生产工具和兵器。从华北地区发现的考古文物资料分析，成熟期的武艺武术器械主要包括以下几个类型：钩击类器械，有戈、钩形器、戟、吴钩等。击刺类器械，有矛、剑、铩、叉、枪、殳等。劈砍类器械，有刀、钺、斧等。砸击类器械，有棍棒头、鞭锤等。卫体类器械，有护臂、臂甲、盾等。可以说，现代武术运动中所用的器械，大多是以此为主要器类演化、发展而来。拳术，是中华武术的重要组成部分，其特点主要是徒手的拳脚肢体的运用。它是史前时期人类生产实践和人与野兽或人与人打斗的自卫技能积累的结晶。《汉书·艺文志》目录中有《手搏六篇》的书名，惜此书早已亡佚。但在北京、山西、河北等地却出土了诸多相关的文物资料，为我们再现了当时拳术演练的真实场景。魏晋隋唐之际，随着宗教的兴盛，武术中的拳术更流行于寺院教徒和民间之中，山西大同云冈石窟等宗教圣地，多留有不同时期有关拳术演练的资料。及至明清，随着中华武术内容的日渐丰富，其中的拳术套路技术渐趋成熟，主要表现在形成了具有不同风格及技术特色的多种流派。中国体育博物馆收藏的青花、红釉瓷器上的拳术演练纹等，都极为形象地向我们展示出了华夏武术中颇具特色的拳术套路的丰富内容。除了徒手的拳脚肢体的运用，运用器械进行技艺演练，也是武术的重要组成部分。人类有了器械，就有了作为其主要活动形式的器械的技击，而掌握和使用器械的技巧，就成为武术活动当中的一项重要内容。尤其是秦汉以后，受战争中适应近战决胜负之需要的影响，器械演练产生了令人瞩目的变化。在当时的壁画、漆绘以及其他文物艺术品的装饰上，均有许多单人执械、双人执械的单练和对练，同时，还有许多技击俑的发现。宋元以迄明清，由于统治者对讲武的提倡、民间艺人练武活动的兴盛以及套路技术的新发展，在客观上促进了武术器械演练向多样化的发展。明清时期的许多绘画作品，如中国历史博物馆藏《明宣宗元宵行乐图》等，就对武术中的器械演练作了较为形象的描绘，这可以说是社会上盛行的练武活动的真实反映。

古代的角力，亦称为“角抵”，魏晋以后又称“相扑”，宋代称为“争交”，元明以后发展为摔跤。最初的角力是两两相搏，角力双方拳打脚踢，连摔带拿，凡以巧斗力制服对方就算胜利。到了秦汉之际，角力改称角抵，其内容也有了一些变化，更注重相搏的方式和规则性。秦汉以后，角抵运动一直是各个时代熔体育与文艺于一炉的盛大“百戏”艺术的主要表演节目形式，而且普及极为广泛。在当时的一些墓葬壁画、石窟浮雕，甚至日常生活用品，如印章、石砚上面，均有以此为装饰内容的。魏晋以后，随着角抵被称为相扑，其活动的形式、规则日益完善。隋唐五代时，以此为内容的比赛制度大体形成了，唐宫廷中还专门设有“相扑朋”，以训练相扑能手，进行比赛表演。宋元明之际，这一运动项目仍很流行，不但是民间的娱乐活动节目，而且军队士兵的训练中，也多以此作为力量训练的项目之一，成为社会上习见的运动竞赛形式。到了清代，摔跤运动流行广泛，影响极大。宫廷中还常举办大规模的比赛，遇有一些大型活动，也往往以摔跤比赛来庆祝，现存故宫博物院藏清人绘《塞宴四事图》轴中的摔跤比赛画面，就充分地体现了当时摔跤这一运动项目的盛行状况。

练力与举重，是古代体育中一类力量型的运动形式。战国秦汉时期的许多文物资料，为我们留下了许多练力举重活动的形象描绘，这应是当时社会中盛行的练力、举重活动形式的真实反映。魏晋以后，佛教在我国盛行起来，各地兴建寺院，均要制作巨钟大鼓。钟多为铜、铁铸造，小者亦重数百斤（当时一斤约合现在的 222.73 克），于是有人又以举钟来表现力量的巨大。在军队中，练力举重活动一直是必不可少的运动项目，从唐代武则天开始设立武举，直到明清时期军队的训练、考试，均将练力举重作为重要测试项目。为此，明清时期的军民中间，曾出现了多种多样的举重练力活动，如举石锁、石磴、石狮，举桌床，拉硬弓，舞重兵器，负重物等。这一时期，华北各地的寺院壁画中还出现了许多以举象、举石竞力为内容的壁画，此虽多为宗教题材，甚而有些夸张，但不可否认，这与现实生活中练力举重活动的广泛盛行是分不开的。

跑、跳与投掷，是中国古代体育运动中最古老和流传最广的运动形式之一。传世的西周铜鼎令鼎上面，有一篇记述诸侯王命其车之先导武士与奔驰的马车竞跑，最后获胜而得到奖赏的铭文（参见罗振玉《三代吉金文存》第四卷）。实际上，这类出行马车之先导武士就是秦汉时期位于出行王车之前的“伍伯”的雏形。他们能跟上奔驰的出行马车，说明这些武士都要经过专门的长跑训练。汉画中，有许多描绘“伍伯”手执剑、盾或长矛、弓、戟等，高速奔跑在马车前面的生动形象。这种形式，直到魏晋时期，还时见于考古发现的文物中。宋元以后，军队中军士的操练也多以竞跑等作为竞赛和训练项目。元代建立的“贵赤卫”部队中，每年都举行一次名为“贵由赤”的长跑比赛，赛程为90千米，这可以说是中国古代的“马拉松”。此外有关生活中的投掷游戏，如传统的击壤、北方古代民族中盛行的布鲁投掷活动等，随着时间的演变，也逐渐成为古代体育的活动内容。这一类运动项目，从总体上来说，虽未完全形成一定规范的竞赛方式，但它与人们的生活有着密切关系，因而长盛不衰。

古代的华北地区，以球类游戏为主的运动形式不仅形成的历史十分悠久，而且具有十分丰富的内容和繁多的活动方式。本图录收录的有关文物资料，所涉及的球类运动形式主要包括蹴鞠、马球和捶丸。

蹴鞠，在史籍中也称为踏鞠、蹋鞠或蹩鞠等，是中国古代的一种足球运动，《战国策》《史记·苏秦列传》等文献中都有关于早期蹴鞠活动的记载。汉代，蹴鞠活动出现了第一次高潮，在各地出土的汉代文物中，多有当时蹴鞠活动场面的反映，甚至当时的肖形印章上也出现了蹴鞠活动的形象。经过魏晋隋唐时期充气鞠的发明和竞赛方式的进一步改进，蹴鞠活动进入宋元之后出现了一个新高潮。这一时期，有关的文物资料相当丰富，如河北邢台出土的孩儿蹴鞠纹磁州窑枕，形象多方位地展现了当时蹴鞠活动的盛况。至明清时期，蹴鞠活动中两两相交争逐决胜的赛法虽呈衰落之势，但多人蹴鞠的形式却甚为流行。故宫博物院藏明人绘《宣宗行乐图》卷中，明宣宗观赏的蹴鞠，即为数人对踢的表演。中国体育博物馆等还藏有许多绘制儿童或妇女蹴鞠图案的漆屏风、五彩瓷器以及册页画等，都反映了当时流行儿童、妇女以蹴鞠为乐的社会面貌。只是到了清末，随着近代西方足球的传入，古老的中国蹴鞠才渐趋沉寂。

马球，又名击鞠、打球等。它是马术与球类运动相结合的产物，因而，它的兴起必然在马术和球类运动发展到了一定水平之后。汉末三国魏曹植，在其著名的《名都篇》中描写“京洛少年”们郊游的情景时，曾留下了这样的诗句：“连翩击鞠壤，巧捷惟万端。”其中的“击鞠”一词，多数学者均认为此应为我国有关马球运动出现的最早记载，而这与马球运动产生的最基本条件——汉代兴盛的马术和球类运动也是相符合的。故宫博物院收藏有唐代打马球纹铜镜，是当时马球活动盛况的真实反映。宋元时期的有关马球实物资料亦多有所见，现藏于中国体育博物馆的宋代打马球砖雕，故宫博物院藏辽代陈及之《便桥会盟图》卷中的打马球图，山西襄汾出土的金代打马球画像砖雕等，皆是反映这一时期马球活动的重要资料。降至明清，马球运动仍较盛行，不过，由故宫收藏的明人绘《宣宗行乐图》卷中宣宗观“打球”的画面来看，已经不是两队争逐，而是由队员轮流击球入门，变竞赛为击球表演的一种娱乐活动了。

捶丸，是一种徒步以杖击球的运动，它是从唐代“步打球”的基础上发展而来的。在其产生、发展过程中，吸收了马球运动和汉代蹴鞠的球穴等特点，与今日高尔夫球大同小异。山西省洪洞县水神庙的元代《捶丸图》壁画，对当时的捶丸运动表现得就较为充分，从画面中捶丸者的姿势、动作以及场地设置和竞赛形式分析，这种运动与其后流行于西方的高尔夫球有着惊人的相似。明季以来，捶丸运动主要在都市中流行，且其娱乐性更为显著。《宣宗行乐图》卷中明宣宗亲自下场与群臣捶丸的画面，显示出捶丸运动在当时开展的盛况。

保健养生活动，是中国古代体育中的一大门类。从最初的人们由生活实践中体验到的一些原始的保健养生方法，到后来随着社会生产力的发展，人们开始明确建构和认同有关养生和健康的模式与标准，逐渐地形成了传统保健养生活动的完整体系，这就是以引伸肢体为主的导引术、以呼吸锻炼为主的行气术和以舒筋活络为主的按摩术。本书收录的天津博物馆所藏战国时期的《行气铭玉杖首》，是目前发现的我国最早的古代保健养生文献，表明古代体育中的一大门类——保健养生活动，在当时是十分普及的。此后，这类健身养生形式一直常盛不衰。受此影响，相关的按摩术也开始发展起来，特别是明清时期，与行气、导引术式一样，按摩术式日益成为养生活动中的重要内容。中国中医研究院所藏《导引图》，既绘有导引的健身术式，又附有部分按摩术式；特别是藏于中国医史博物馆的清人绘《十二度按摩图》以及清代流传下来的按摩器，均是对这一时期按摩养生活动的真实反映。在中华民族的传统体育形式中，行气、导引以及按摩术式，作为保健养生活动的完整体系，其流行和发展充分体现了中华传统文化的民族特色。后世以及当代的许多保健养生形式，都与上述传统的养生术式有着一定的渊源关系。

水上和冰雪运动，包括游泳、跳水、潜水、竞渡、滑雪、滑冰等内容。战国时期宴乐渔猎攻战纹铜壶的图像中，在巨大的战船旁边，就有浮游于水中的勇士形象。及至后来，与游泳活动有关的跳水、潜水等水上运动也开始广为流行。元人《龙舟夺标图》卷中的“水秋千”跳水图，明人宋应星《天工开物》中描述的潜水画面，都表明了水上运动形式的日益多样化。而多见于宋元以后艺术作品中的龙舟竞渡形象和游泳图，更充分地展示了历代水上运动的概貌。明清时期大量出现的冰嬉绘画作品和滑冰用具，反映出中国古代的冰上运动也是一种传统的体育运动项目。故宫博物院藏清代金昆等绘制的《冰嬉图》，对有着久远历史的冰上活动在清代的盛况作了细致的描绘，是滑冰活动盛行的标志。而清代大量出现的以拖冰床游戏为内容的绘画作品，表明了在清代的北京，这一冰上活动的广泛普及性。

百戏技巧，是中国古代体育活动中一类独特的运动形式。它源于史前人类自身的活动和生产劳动实践，随着社会的发展和人类文化的进步，至秦汉之际，这一运动形式已经成为统一封建大帝国精神文化形态之一的“乐舞百戏”艺术的主要内容。在以后的魏晋、隋唐以迄明清的各个时期，有关技巧的身体运动项目，基本上是沿袭着汉代已经较为完备的形式。现藏于中国历史博物馆的明人绘《明宪宗元宵行乐图》卷中的技巧图，极为形象地描绘出了古代技巧项目在不同时期的发展和盛行状况。作为一种发挥身体潜能的运动方式，技巧运动为中国古代体育增添了新的内容，为中国古代传统体育的发展奠定了扎实的基础。

在以思维与智慧为特征的棋牌博弈类活动中，围棋和象棋在中国有着古老的历史。1952年出土于河北望都东汉墓的石制围棋盘、中国体育博物馆收藏的唐代围棋子以及五代周文矩的《重屏会棋图》等，对处于发展高潮时期的围棋活动作了充分的反映。关于象棋，目前较早的实物多见于宋代，中国体育博物馆的宋代象棋子均为铜质，且除正面铸棋子名称外，背面皆铸相应的象形图案。反映出有宋一代的象棋活动不仅开展得普遍，而且棋子也形式多样。明清时期，有关围棋、象棋的实物更为丰富。故宫博物院、中国体育博物馆多收藏有当时的棋子、棋盘及有关的棋类图饰，有的地区还出土了有关的实物资料。它们都是了解中国古代围棋、象棋活动的形制演变与发展的难得资料。

除了围棋和象棋，在华北地区发现的中国古代棋牌博弈类活动中，还有六博、双陆等棋戏。其中六博最早盛行于战国之时，及至秦汉，乃达到高潮，是宫廷和民间喜闻乐见的棋类活动之一，上至皇宫贵族，下至平民百姓都乐于此道。魏晋隋唐以后，六博戏逐渐销声匿迹。至于双陆棋，应为泊来之戏，是公元6世纪初自西域传入，后流行于中国。可见双陆棋传入中国的时间虽较迟，但直到清代却还在流行。

御术和马术，也是中国古代流行久远的运动项目。据有关考古资料，至迟在殷商时期，就已出现了独辀马车，因之战车也就成为普通的作战工具了。当然，其中的驾车之术，亦即御术也开始成为人们习练和掌握的技艺之一，并被列为学校教学的重要内容。由战国以迄汉代，由于马车的普遍应用，御术更成为体育运动中的重要形式，考古发现的这一时期的驾车实物，汉代壁画、画像石、画像砖上面的各类驾车形象，其急速奔驰的形态，透露出御者的高超技巧，反映了御术的不断发展。只是随着马匹的广泛应用，骑术的进一步推广，御术才逐渐退出了体育活动的领域。至于马术，主要包括马戏和赛马两类，有关的资料可早至战国之时。及至汉代，除了赛马活动继续盛行，马戏表演也成为百戏的主要内容之一，张衡的《西京赋》中就有“百马同辔，骋足并驰”的描述。在汉代的画像石、画像砖上，曾留下了当时无名艺术家对惊险绝技的马术表演的生动刻画。唐宋时代，马术活动有了新的发展。延至明清，马术运动更为兴盛，不但民间流行这一活动，甚至军队也将其作为练兵的手段。故宫博物院藏郎世宁绘制的反映清军骑士表演的《马术图》，反映出中国古代马术运动发展的高水平。

作为中国古代传统体育中较具特色的运动形式，还有一类是内容丰富的民俗游乐活动。本图录收录的这类活动主要包括了春游、放风筝、踩高跷、跑旱船、骑竹马、荡秋千、踢毽子、跳绳、投壶、鞭陀螺以及舞龙与舞狮等。这些运动形式，多数已经流传了下来，并已有着广泛的大众基础。

综观本图录选收的部分体育文物图像，既生动形象地勾画出华北地区古代体育发展的轮廓，又向我们展示了其在产生、发展和活动方式上所体现出的一系列特色。

首先，中国古代社会文化环境并不利于带有强烈对抗与刺激色彩的竞技运动充分发展。因此，原始的朴素和谐的理想、中和融通的宽和精神，决定了中国古代体育的竞技性呈现出一种完全不同于西方的那种带有强烈刺激性的形式，而注重礼仪和实用性。同时，中华民族的务实精神，体现在中国古代体育之中，便是诸多项目是以适应战争需要的练武强兵为目的的。如蹴鞠、马球、武艺武术、跑跳投等运动形式等，多与军事训练有着密切关系。

其次，体育与文娱活动融为一体是古代华北体育的又一特色。随着社会的进步，经济的发展，最初仅是为了满足人类生存需要的体育活动，其娱乐性越来越占有重要地位。尤其是春秋战国以来，某些体育活动项目逐渐冲破“礼仪”的束缚，出现了娱乐化的趋势。许多富有技巧表演性、游戏性、趣味性和艺术观赏性的项目大量出现，而这一发展势头在秦汉时期得到了进一步的强化。

最后，中华民族长期形成的清静淡泊、顺乎自然的性格，和谐共处、融合化一、贯通一体的理想及注重个人修身养性的务实精神，还导致了采用控制呼吸等方法以达到祛病延年目的的活动——养生保健术的产生，并被纳入华北地区古代体育中，显示了中国古代体育的第三个特点——保健特色。可以说，养生保健术在古代传统体育活动中，与古代思想文化的结合最为密切，是东方体育文化的典型代表。这也是中国古代传统体育异趣于古代西方体育形式的一个显著特色。

纵观整个华北地区古代体育文化的发展与演变轨迹，所体现出的是一种典型的东方体育文化的特点。在中华民族漫长的历史上，有的项目虽然在风行一时以后消失了，但许多充满了生命力的传统体育活动形式，却更像深深扎根在大地上的古树，尽管岁月给它刻上了一圈又一圈的年轮，仍历尽沧桑而不衰，至今郁郁葱葱。可以说，华北地区古代体育文化，作为东方古代体育文化的代表，既是中华各民族体育文化汇集、融合的结晶，又是世界体育文化的重要组成部分。

凡例

一、本图录文物图片的选定，主要以近年来华北地区考古发掘中有代表性的体育文物为主，同时有针对性地选择一批国内外各文博、收藏机构中传世的、较具特色的中国古代体育文物，下限至清代末年。

二、本图录全部图版根据华北地区体育文物的特点，按古代体育运动的项目内容分为射箭与狩猎，武艺武术，角力与摔跤，练力与举重，跑、跳与投掷，球类活动，保健养生，水上运动，冰雪运动，百戏技巧，棋牌博弈，御术和马术，民俗游乐等13类共计60余项运动形式，各类图版按时代先后顺序排列。

三、本图录共收录图版456幅，其中彩色429幅，黑白27幅。原则上每幅图版附有文字说明，包括名称、时代（部分）、出土时间和地点（或收藏单位）、文物质地以及所代表项目的简要说明。

四、本图录图版的文字说明，是在吸收了国内外历史学界、文化史学界、考古学界和体育史学界同类研究成果的基础上编写而成的。

五、为便于国内外研究者查阅参考，图版目录后附有参考文献。

目录

第一章 射箭与狩猎

射箭，是中国古代一项历史悠久的传统体育项目，它源于远古人类进行狩猎和保卫自身安全的需要。在中国古代，射箭不仅是一项民间的竞技活动和军队中的军事训练项目，同时也是学校体育教育的主要内容之一，是不同历史时期在不同领域中广为盛行的运动形式。古代华北地区的早期射箭与狩猎活动，与当地自然环境和人们的生产生活实践有着密切关系。历史发展至清代末年，随着现代火器的发展，射箭与狩猎活动与当地人们生产与生活的关系发生了一定的变化，逐渐演化成其民俗体育活动的重要内容。射箭与狩猎的猎获意义日益削弱，逐渐地成了一项以娱乐、竞技和锻炼身体为主要目的的专门的传统体育项目。

图 1–1　旧石器时代石镞（山西朔州峙峪出土）

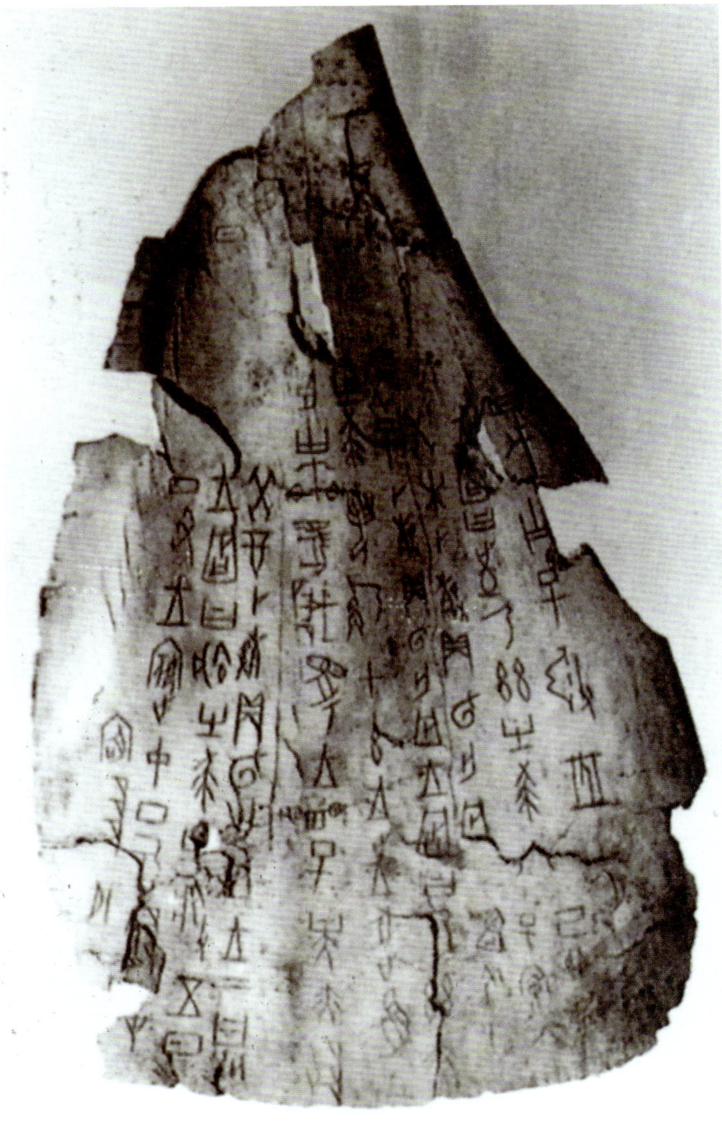

图 1–2　商武丁时期祭祀射猎的牛骨刻辞（中国国家博物馆藏）

图 1-3　战国宴乐渔猎攻战纹图壶（故宫博物院藏）

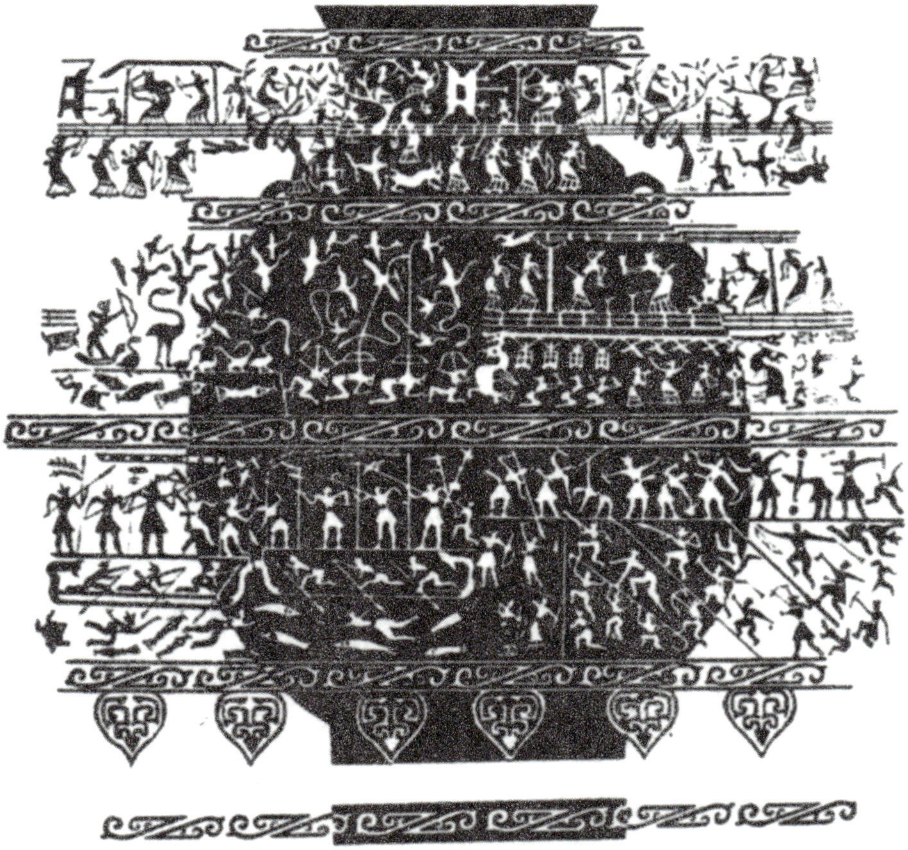

图 1–4　战国宴乐渔猎攻战纹图壶纹饰展开图（故宫博物院藏）

图 1–5　东汉绿釉陶弩射雕塑水亭（中国国家博物馆藏）

图 1-6　唐代描金石刻执箭箙武士俑（中国国家博物馆藏）

图 1–7 宋代无款《中兴瑞应图》卷第九段“射中台匾”局部（绢本设色，纵 26.7 厘米，横 137.6 厘米，天津博物馆藏）

图 1–8 金代壁画《射九重鼓图》（选自柴泽俊编著《山西寺观壁画》）

图 1-9　元代刘贯道绘《元世祖出猎图》(台北故宫博物院藏)

图 1-10　明代佚名绘《宣宗射猎图》(纵 29.5 厘米，横 34.6 厘米，故宫博物院藏)

图 1-11　明代佚名绘《宣宗射猎图》（故宫博物院藏）

图 1-12 明代佚名绘《宣宗行乐图》卷局部（故宫博物院藏）

图 1-13 清代王翚等绘《康熙南巡图》第十卷（绢本设色，纵 67.8 厘米，横 2559.5 厘米，故宫博物院藏）

图 1-14　清代王翚等绘《康熙南巡图》局部之二（故宫博物院藏）

图 1-15　清代王翚等绘《康熙南巡图》局部 射箭图（故宫博物院藏）

图 1-16 清代王翚等绘《康熙南巡图》第十卷局部 制作弓箭（故宫博物院藏）

图 1-17　清代王致诚绘《乾隆射箭图》屏（故宫博物院藏）

图 1-18　清代佚名绘《亲藩习射图》卷（故宫博物院藏）

图 1-19 清代郎世宁绘《乾隆皇帝大阅图》（故宫博物院藏品）

图 1-20 清代宫廷画家绘《康熙帝戎装像》轴（故宫博物院藏）

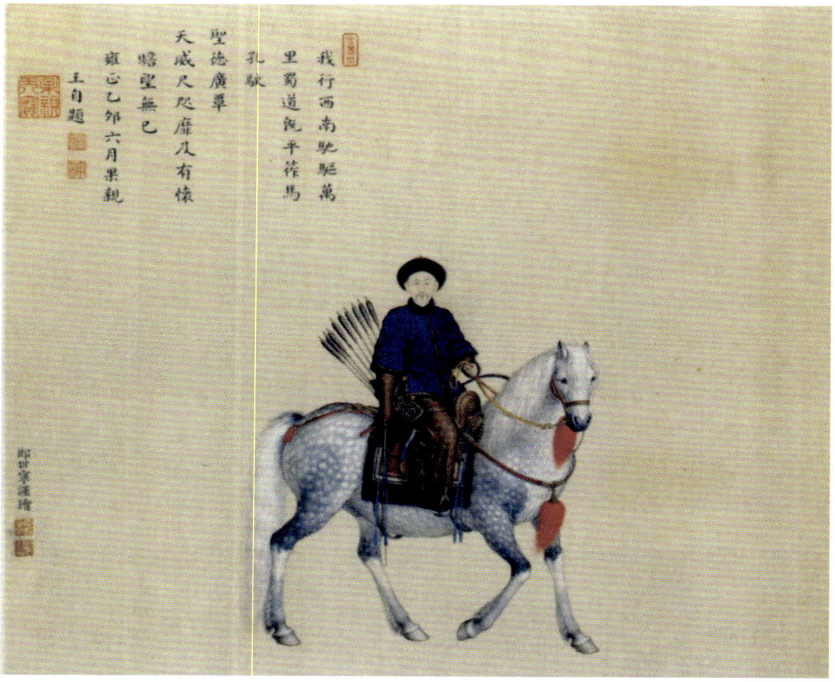

图 1-21 清代郎世宁绘《允礼像》册页（故宫博物院藏）

图 1–22　清代佚名绘《散秩大臣喀喇巴图鲁阿玉锡像》图轴（绢本设色，纵 185.3 厘米，横 94.7 厘米，天津博物馆藏）

图 1–23　清代佚名绘《北征督运图册》（中国国家博物馆藏）

图 1–24　清代佚名绘《观射图》卷（绢本设色，纵 143.2 厘米，横 62.7 厘米，首都博物馆藏）

图 1-25　清代郎世宁绘《木兰围猎图》（吉美国立亚洲艺术博物馆藏）

图 1-26　清代郎世宁绘《弘历射猎图》轴（绢本设色，纵 115.5 厘米，横 181.4 厘米，故宫博物院藏）

图 1–27　清代郎世宁绘《哨鹿图》轴（绢本设色，纵 267.5 厘米，横 319 厘米，故宫博物院藏）

图 1–28　清代佚名绘《行猎图》卷（纸本设色，纵 136.5 厘米，横 267.7 厘米，首都博物馆藏）

图 1-29　清代佚名绘《僧忠亲王行猎图》卷（纸本设色，纵 114 厘米，横 231 厘米，首都博物馆藏）

图 1-30　清代佚名绘《威弧获鹿图》卷之二（纸本设色，纵 37.4 厘米，横 195.5 厘米，故宫博物院藏）

图 1-31　清代佚名绘《打猎图十二通景屏》（绢本设色，每幅纵 168 厘米，横 52 厘米，首都博物馆藏）

图 1-32　清代佚名绘《打猎图》卷之一（纸本设色，纵 35.3 厘米，横 365.7 厘米，首都博物馆藏）

图 1-33　清代佚名绘《打猎图》卷之二（纸本设色，纵 35.3 厘米，横 365.7 厘米，首都博物馆藏）

图 1-34　清代佚名绘《打猎图》卷之三（纸本设色，纵 35.3 厘米，横 365.7 厘米，首都博物馆藏）

图 1-35　清代吕恒蓭绘《射猎图》卷局部之一（纸本设色，纵 27 厘米，横 313 厘米，天津博物馆藏）

图 1-36　清代吕恒蓭绘《射猎图》卷局部之二（纸本设色，纵 27 厘米，横 313 厘米，天津博物馆藏）

图 1-37　清代吕恒庵绘《射猎图》卷局部之三（纸本设色，纵 27 厘米，横 313 厘米，天津博物馆藏）

图 1-38　清代吕恒庵绘《射猎图》卷局部之四（纸本设色，纵 27 厘米，横 313 厘米，天津博物馆藏）

图 1–39　清代徐扬绘《射粉图》（故宫博物院藏）

图 1–40　清代紫檀嵌螺钿长方形盒（长 26.5 厘米，宽 16.5 厘米，高 10.2 厘米，天津博物馆藏）

图 1-41　清初紫檀木百宝嵌狩猎人物长方匣之一（高 10.2 厘米，长 26.8 厘米，宽 16.8 厘米，故宫博物院藏）

图 1-42　清初竹雕狩猎图笔筒之二（高 17.5 厘米，口径 16.2-15.5 厘米，足径 17-16.5 厘米，故宫博物院藏）

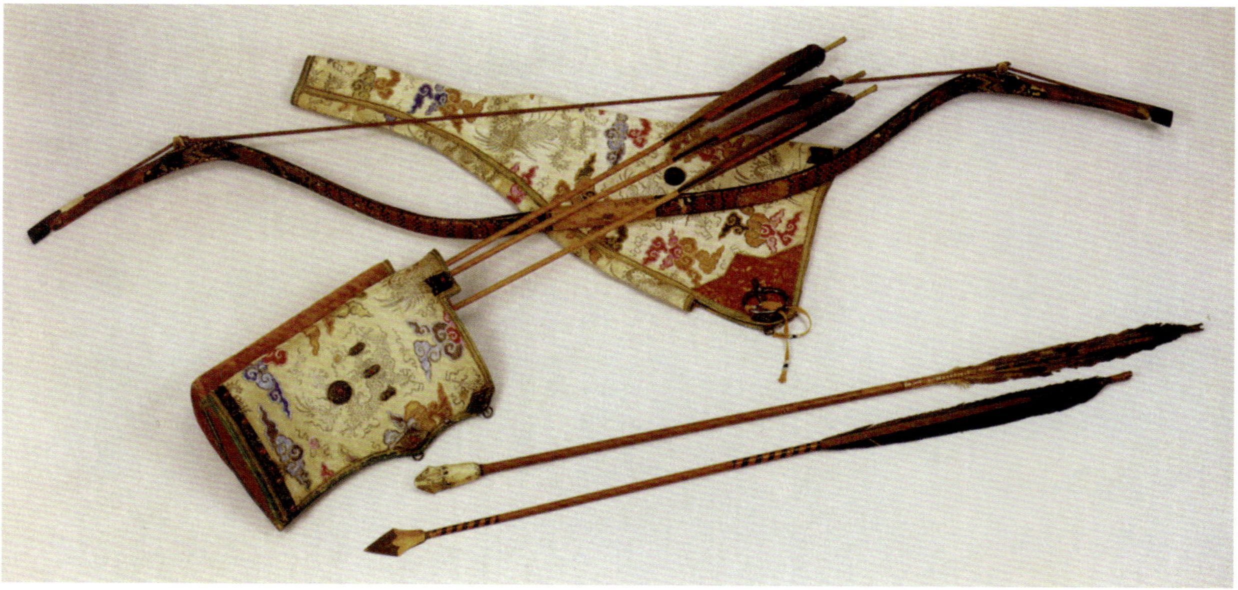

图 1-43 清代御用弓箭（故宫博物院藏）

图 1-44 清代御用弓箭櫜鞬（弓长 174 厘米。附皮签墨书满汉文："圣祖仁皇帝御用通特克面桦棉弓一张，康熙二十一年恭贮。"故宫博物院藏）

图 1-45 清代御用羽箭（故宫博物院藏）

第二章 武艺武术

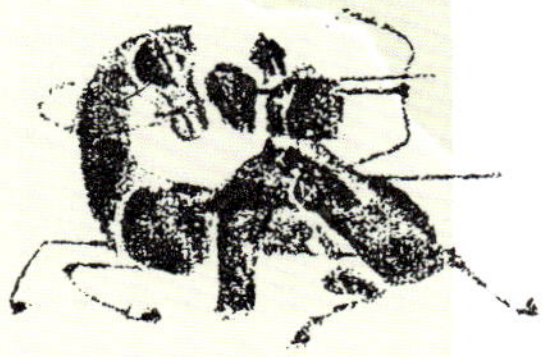

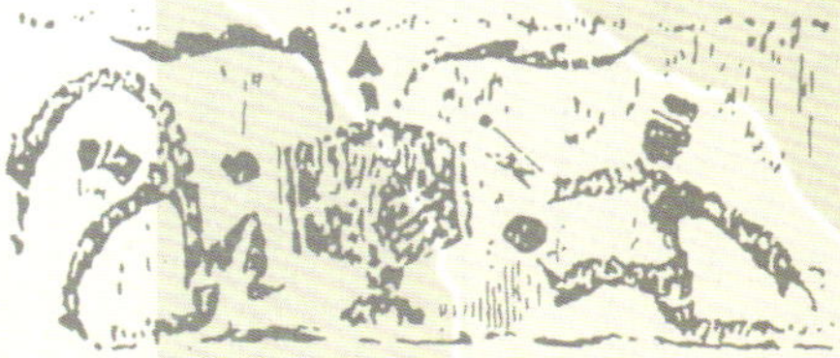

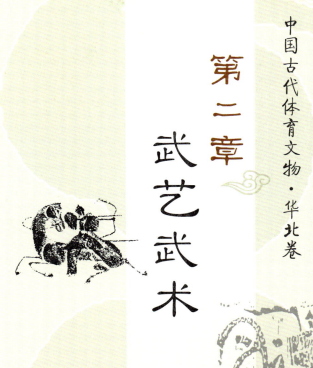

集实战、表演和健身于一体的中华武术，是古代中国民间流行较为广泛的传统体育活动。它源于史前人类生产、生活的社会实践，并在发展中形成了具有独特民族风格的运动形式。华北地区的古代武艺武术内容包括各种形式的器械以及拳术和器械演练的不同套路，尤其是这一地区的武艺武术器械，形式丰富，功能多样，体现了历史发展过程中武艺武术发展的特点。随着历史的进步，经过汉唐时期的初步发展，在宋元时期逐渐兴盛。及至明清时期，华北地区的武艺武术活动达到了新的高潮，器械更为多样化，套路形式更为丰富，成为这一区域极具民族特点的体育活动。

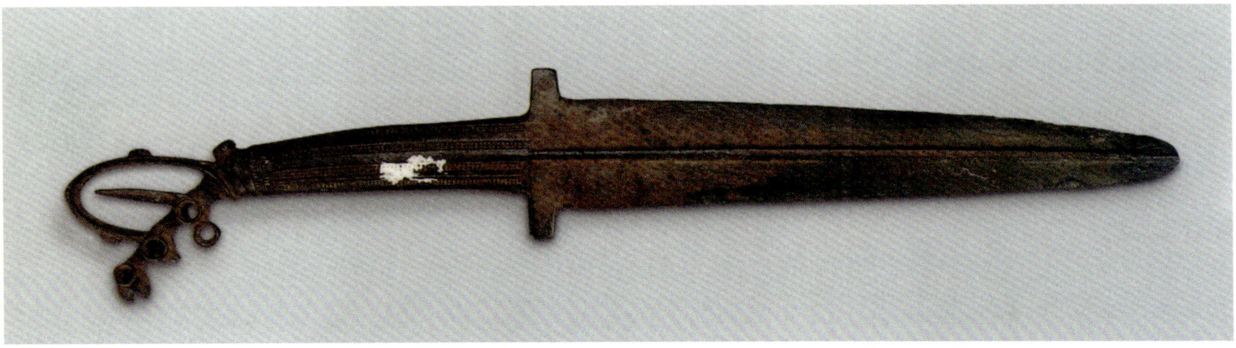

图 2-1　商代镂孔鹿首青铜短剑（长 32.8 厘米，柄长 14.5 厘米，河北省文物研究所藏）

图 2-2　商代兽面纹铜戈（长 20.6 厘米，内长 5.5 厘米，河北省文物研究所藏）

图 2-3　西周铜双龙钺（长 15 厘米，刃宽 9.7 厘米，内宽 4.4 厘米，山西省临汾市翼城县大河口墓地出土，山西省考古研究所藏）

图 2-4 西周铜直内戟（戈长 22.4 厘米，阑和扁形刺高 33.5 厘米，内宽 4.3 厘米，山西省临汾市翼城县大河口墓地出土，山西省考古研究所藏）

图 2-5 西周云雷纹三角援戈（长 21.1 厘米，阑高 10 厘米，内宽 5.2 厘米，山西省临汾市翼城县大河口墓地出土，山西省考古研究所藏）

图 2-6 西周青铜短剑（长 28.2 厘米，最宽 4.5 厘米，山西省临汾市翼城县大河口墓地出土，山西省考古研究所藏）

图 2-7 西周铜矛（长 20.3 厘米，山西省临汾市翼城县大河口墓地出土，山西省考古研究所藏）

图 2-8　春秋铜戈（长 18.3 厘米，宽 11.4 厘米，天津博物馆藏）

图 2-9　战国齿纹铜銎钺（长 12.5 厘米，1961 年河北省秦皇岛市青龙县抄道沟出土，河北省文物研究所藏）

图 2-10　战国铜戈（长 22.4 厘米，宽 11.6 厘米，天津博物馆藏）

图 2-11　战国铜矛（长 23 厘米，宽 3.7 厘米，天津博物馆藏）

图 2-12　战国铜剑（残长 48 厘米，天津博物馆藏）

图 2-13　东周青铜短剑（长 25 厘米，宽 7 厘米，重 313.51 克，中国武术研究院藏）

图 2-14　东周青铜戈（长 23 厘米，宽 10 厘米，重 134.62 克，中国武术研究院藏）

图 2-15　东周青铜钺（长 8.5 厘米，宽 4.5 厘米，重 121.52 克，中国武术研究院藏）

图 2-16　东周青铜剑（长 54 厘米，宽 4.5 厘米，重 732.74 克，中国武术研究院藏）

图 2-17　东周青铜矛（长 22.5 厘米，宽 3.5 厘米，重 150.04 克，中国武术研究院藏）

图 2-18　汉代犬牙纹柄刀（长 51.5 厘米，宽 4 厘米，天津博物馆藏）

图 2-19　汉代执刀技击肖形印拓本（殷康辑《古图形玺印汇》著录）

图 2-20　汉代执刀盾肖形印拓本（上海博物馆藏）

图 2-21　北齐按盾武士陶俑（河北省平山县三汲乡北齐崔昂墓出土）

图 2-22　南北朝武士陶俑正面（高 25.6 厘米，天津博物馆藏）

图 2-23　元代铁鞭（高 83.5 厘米，宽 4.5 厘米，重 3.23 千克，中国武术研究院藏）

图 2-24　明代铁大刀（长 193.5 厘米，宽 8 厘米，重 2.856 千克，中国武术研究院藏）

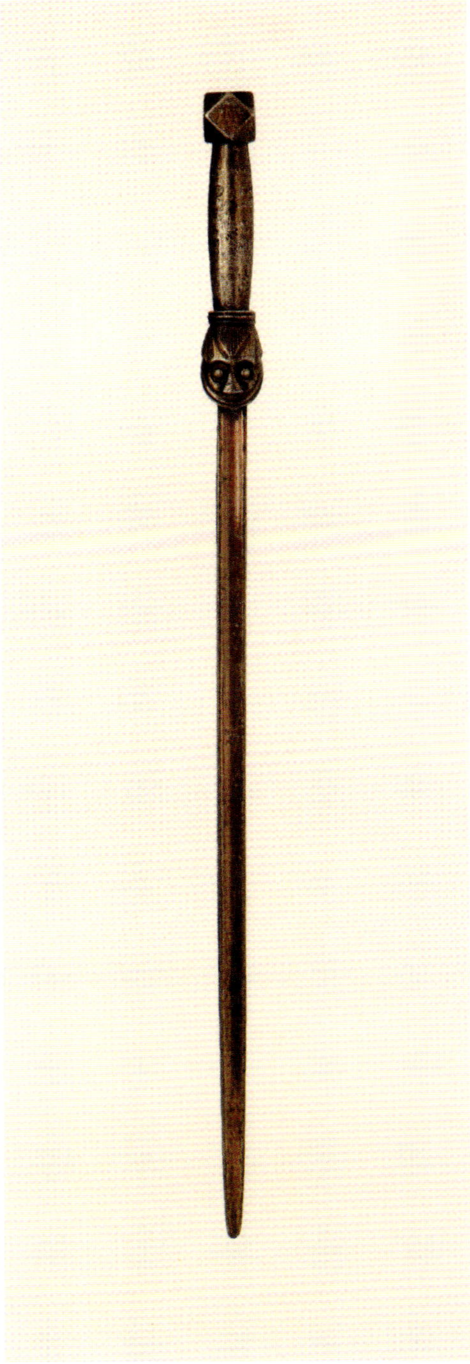

图 2-25　明代铜猴头锏（长 70 厘米，宽 4 厘米，重 1.675 千克，中国武术研究院藏）

图 2–26　明代铁制双刀（长 75 厘米，宽 10 厘米，重 1.847 千克，中国武术研究院藏）

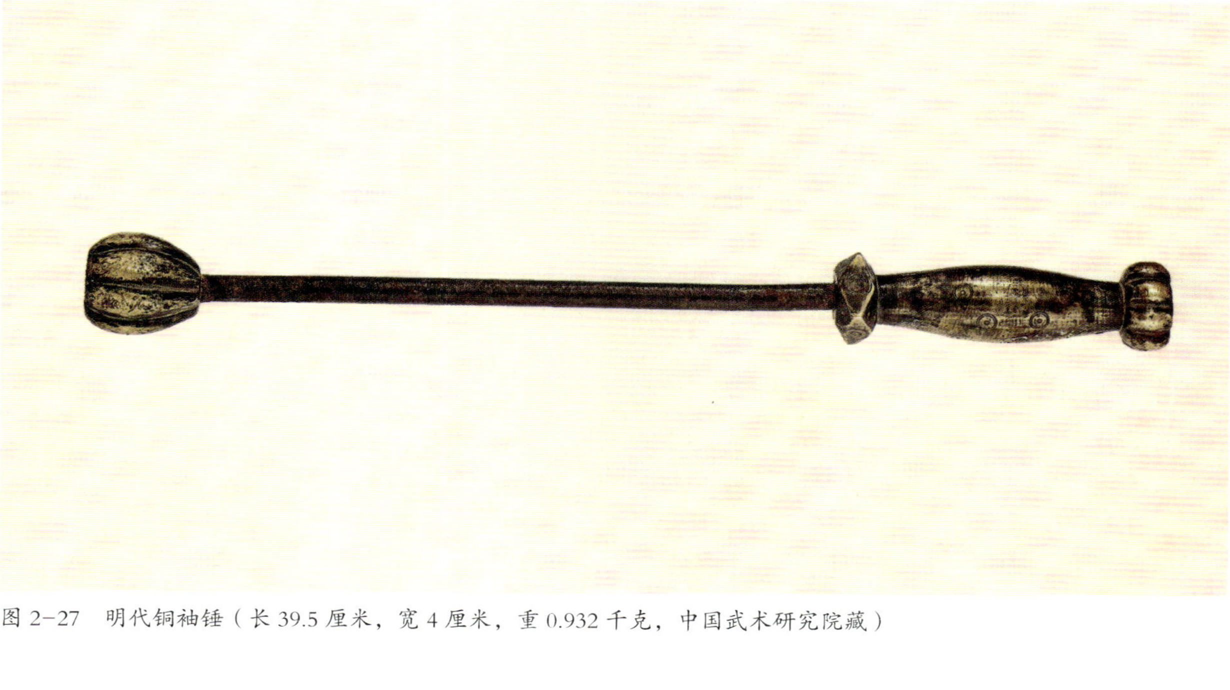

图 2–27　明代铜袖锤（长 39.5 厘米，宽 4 厘米，重 0.932 千克，中国武术研究院藏）

图 2–28　明代太子技击图壁画（山西省太原市崇善寺明代壁画，原题《太子共南天国斗武艺》）

图 2–29　明代佚名绘《明宪宗元宵行乐图》卷技击图（中国国家博物馆藏）

图 2–30　清代龙头铜鞭（长 58 厘米，宽 14 厘米，重 1.595 千克，中国武术研究院藏）

图 2–31　清代龙吞口青铜锏（长 72 厘米，宽 6 厘米，重 1.382 千克，中国武术研究院藏）

图 2–32　清代牛角柄黑漆描金龙鞘匕首（长 40.5 厘米，故宫博物院藏）

图 2-33　清代月牙双钩（长 100 厘米，故宫博物院藏）

图 2-34　清代铜护手铁双鞭（长 52 厘米，宽 15.5 厘米，重 2.073 千克，中国武术研究院藏）

图 2-35　清代铜锤（长 58 厘米，故宫博物院藏）

图 2-36　清代铁制鸳月刀（长 90 厘米，宽 17 厘米，重 1.119 千克，中国武术研究院藏）

图 2-37　清代铁制龙泉剑（长 90 厘米，宽 10 厘米，重 1.159 千克，中国武术研究院藏）

图 2-38　清代铁制龙凤大刀（长 218 厘米，宽 17 厘米，重 5.70 千克，中国武术研究院藏）

图 2–39　清代铁制虎头钩（长 88 厘米，宽 20 厘米，重 2.251 千克，中国武术研究院藏）

图 2–40　清代鞘镶翡翠铁剑（长 73 厘米，宽 9.5 厘米，重 0.95 千克，中国武术研究院藏）

图 2–41　清代铁草镰（长 49.5 厘米，宽 5.5 厘米，重 1.176 千克，中国武术研究院藏）

图 2-42　清代铁鸳鸯锏（长 52 厘米，宽 13 厘米，重 1.729 千克，中国武术研究院藏）

图 2-43　清代铁钩镰两刃枪（长 192 厘米，宽 17 厘米，重 2.111 千克，中国武术研究院藏）

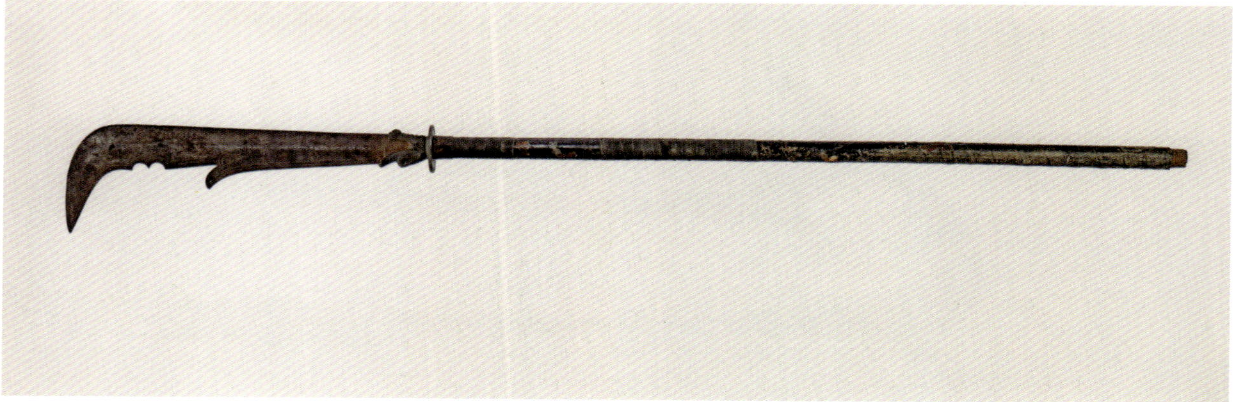

图 2-44　清代铁关刀（长 184.5 厘米，宽 19 厘米，重 3.23 千克，中国武术研究院藏）

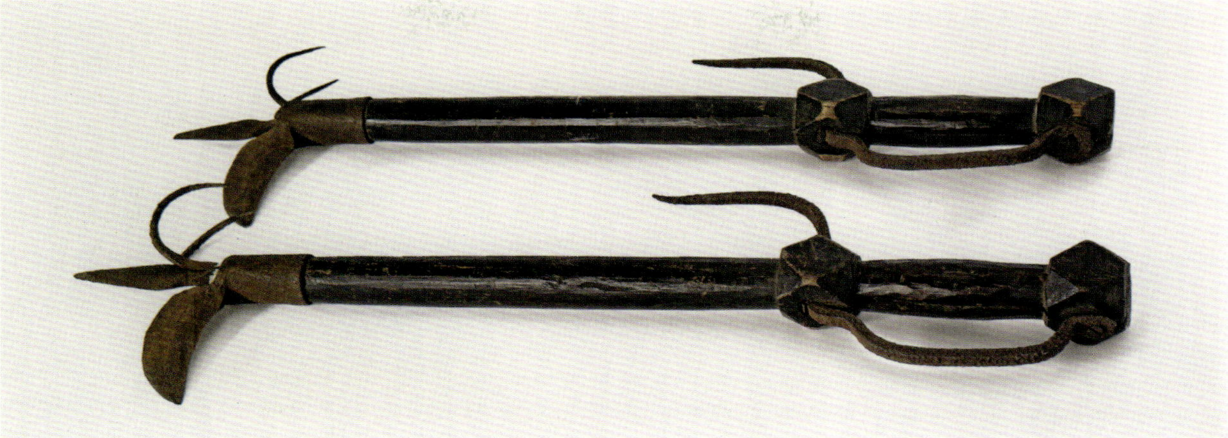

图 2-45 清代铁钩镰双枪（长 58.5 厘米，宽 16 厘米，重 1.215 千克，中国武术院藏）

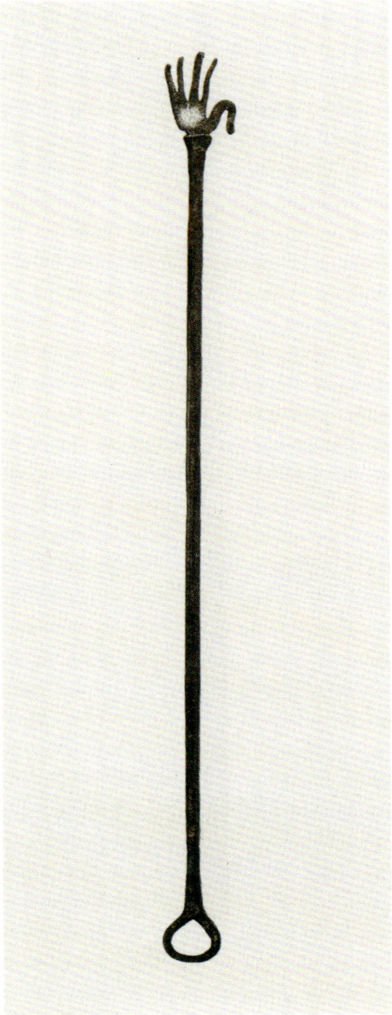

图 2-46 清代铁猴爪（长 81 厘米，宽 6.5 厘米，重 0.93 千克，中国武术研究院藏）

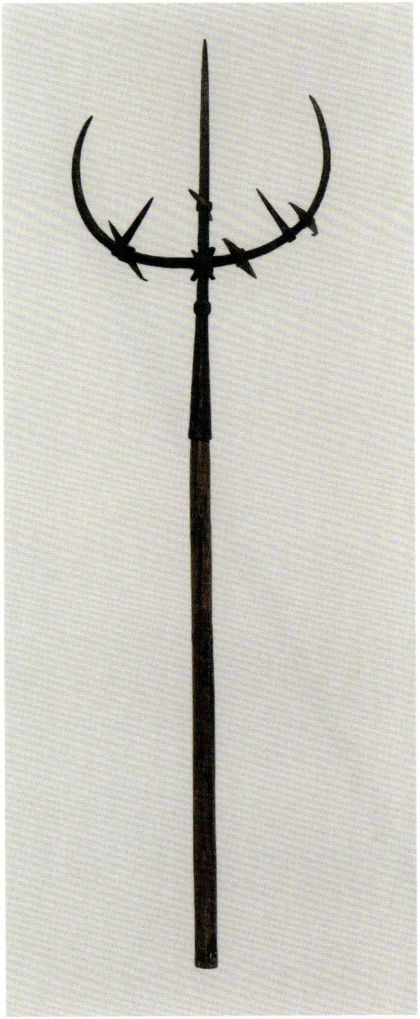

图 2-47 清代铁镋（长 130 厘米，宽 37 厘米，重 2.093 千克，中国武术研究院藏）

图 2-48 清代铁火龙枪（长 2106 厘米，重 2.98 千克，中国武术研究院藏）

图 2-49　清代铁链双环棍（长 76 厘米，故宫博物院藏）

图 2-50　清代铁柳叶矛（长 193 厘米，宽 4 厘米，重 1.056 千克，中国武术研究院藏）

图 2-51　清代铁朴刀（长 168.5 厘米，宽 10 厘米，重 2.916 千克，中国武术研究院藏）

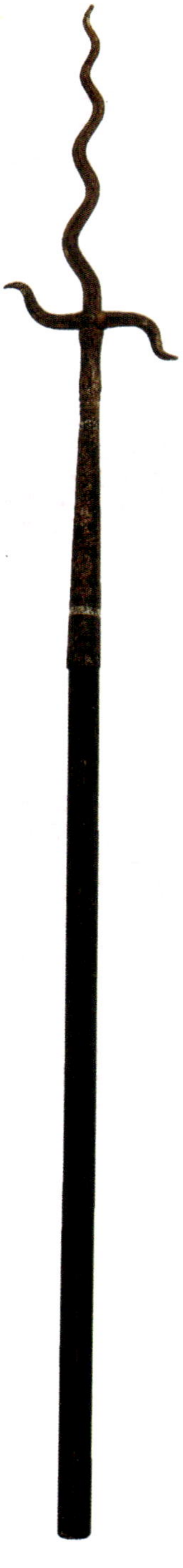

图 2-52　清代铁蛇矛（长 192 厘米，宽 22 厘米，重 2.239 千克，中国武术研究院藏）

图 2–53　清代铁双头枪锛（长 211 厘米，宽 59 厘米，重 2.634 千克，中国武术研究院藏）

图 2–54　清代铁飞镖（长 4.5 厘米，宽 4 厘米，重 0.762 千克，中国武术研究院藏）

图 2–55　清代铁链锤（长 10 厘米，宽 5 厘米，重 1.14 千克，中国武术研究院藏）

图 2–56　清代铜双流星锤（长 6 厘米，宽 4 厘米，重 0.762 千克，中国武术研究院藏）

图 2–57　清代武进士匾（长 143 厘米，宽 60 厘米，重 7.003 千克，中国武术研究院藏）

图 2-58 清代哥釉青花童子习武纹鼻烟壶（高 6 厘米，腹径 5 厘米，卧足。图中 16 个神态各异的儿童，形象生动活泼，惟妙惟肖，画工精细。《收藏界》2005 年第 3 期收录）

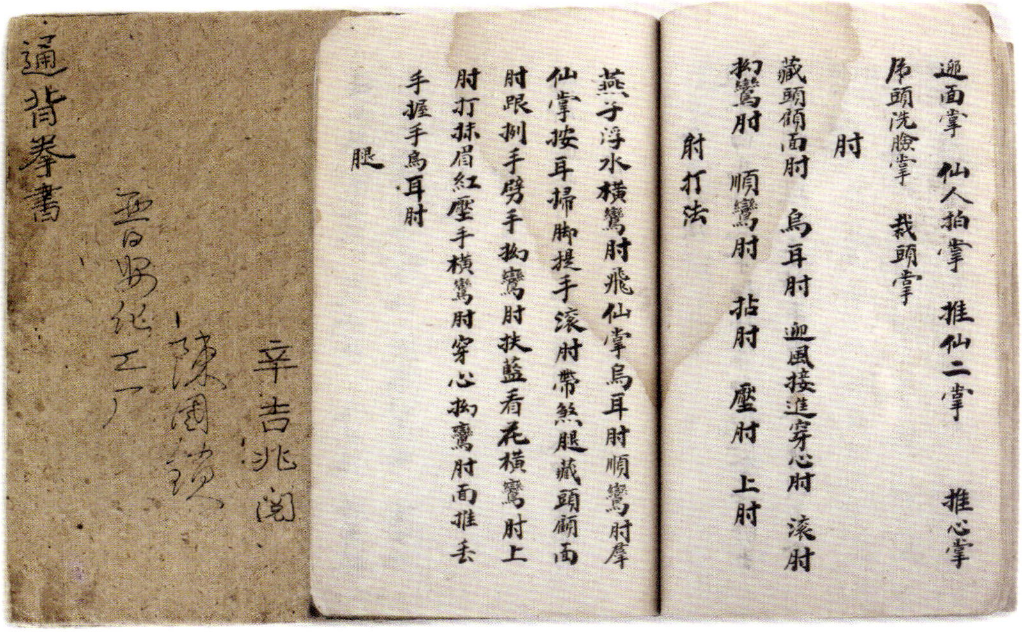

通背拳書

辛吉兆阅

迎面掌 仙人拍掌 推仙二掌 推心掌
吊頭洗臉掌 栽頭掌
肘
藏頭顧面肘 烏耳肘 迎風接進穿心肘 滚肘
拗鸞肘 順鸞肘 拈肘 壓肘 上肘
肘打法

燕子浮水横鸞肘飛仙掌烏耳肘順鸞肘摩
仙掌按耳掃脚提手滚肘帶煞腿藏頭顧面
肘跟捌手劈手拗鸞肘扶藍看花横鸞肘上
肘打抹眉紅壓手横鸞肘穿心拗鸞肘面推丢
手握手烏耳肘
腿

图 2-59 清代抄本《通背拳书》（长 19.5 厘米，宽 13 厘米，中国武术研究院藏）

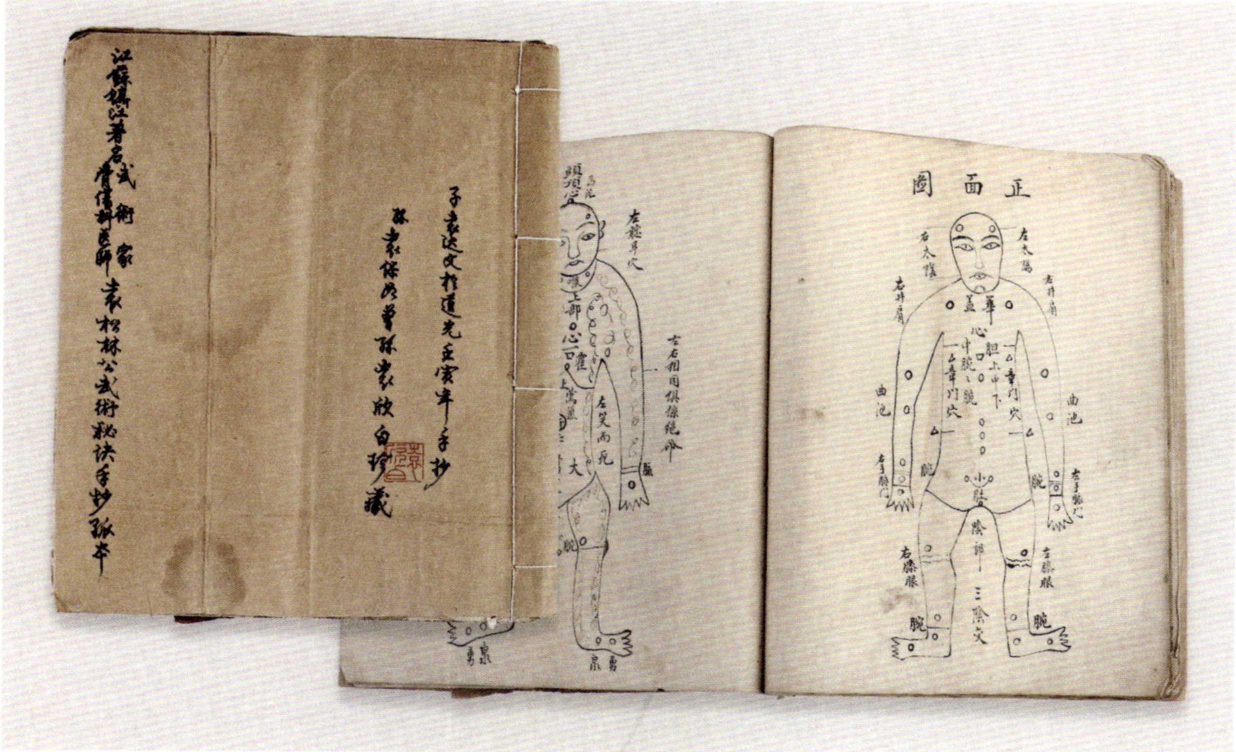

图 2-60　清代抄本《武术秘诀》（长 20.5 厘米，宽 24 厘米，中国武术研究院藏）

图 2-61　清代道光二十一年原版影印版《纪效新书》（长 20 厘米，宽 13 厘米，中国武术研究院藏）

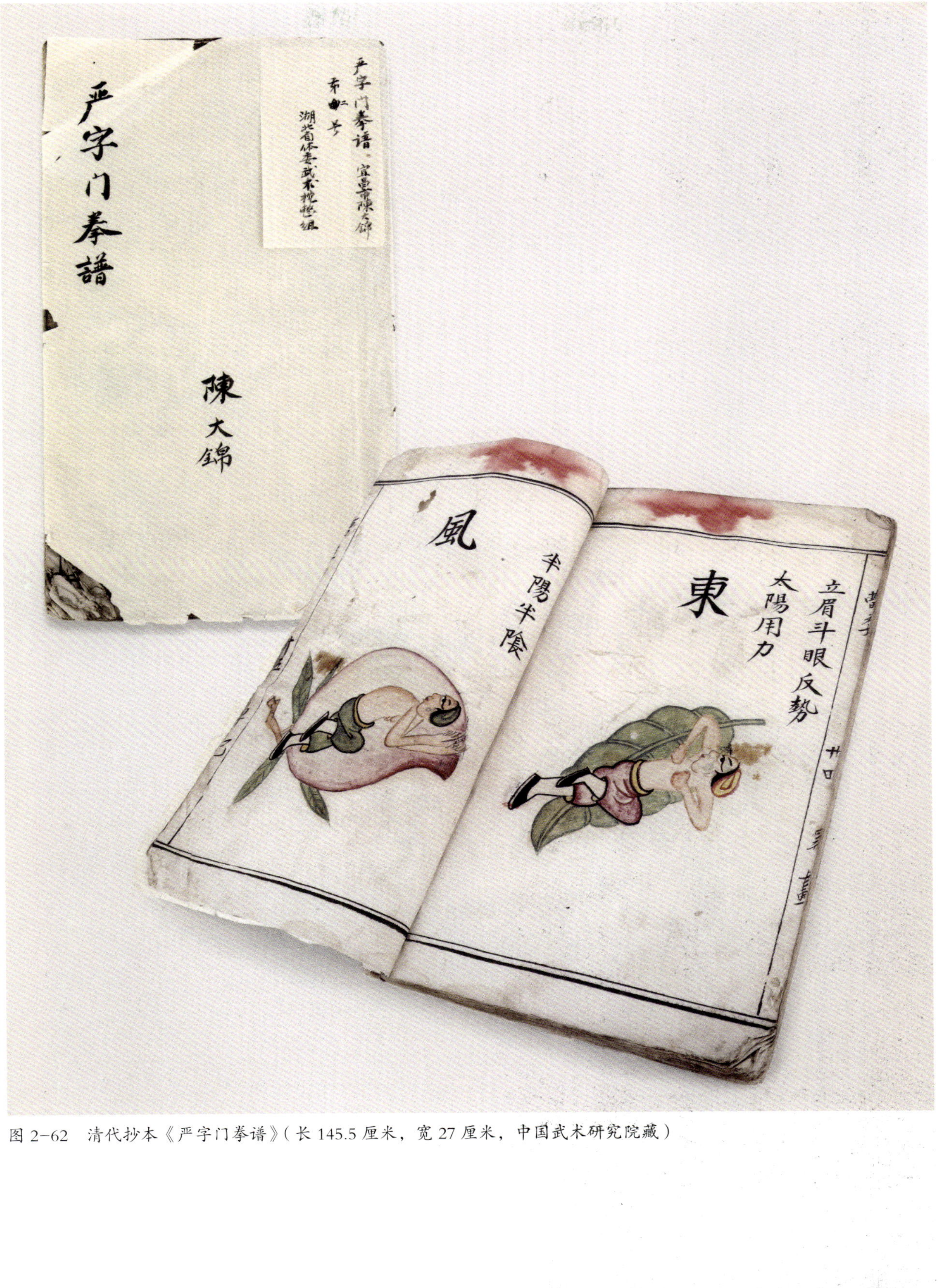

图 2-62 清代抄本《严字门拳谱》(长 145.5 厘米，宽 27 厘米，中国武术研究院藏)

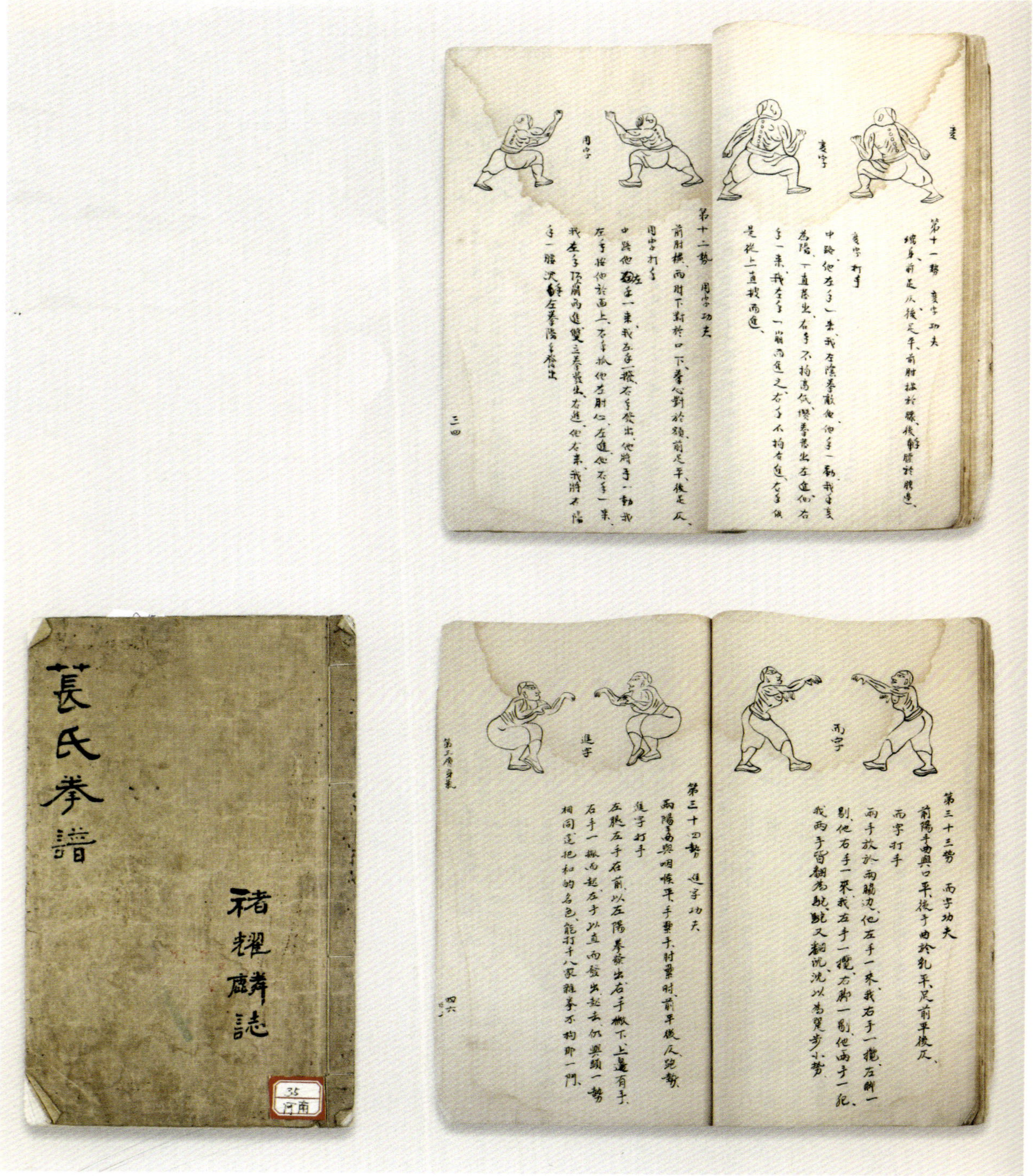

图 2–63　清代手抄本《苌氏拳谱》（宽 18 厘米，高 30 厘米，中国武术研究院藏）

图 2–64　清代手抄本《心意拳谱》（宽 25 厘米，高 22 厘米，中国武术研究院藏）

图 2–65　清代手抄本《秀拳拳谱》（宽 14.5 厘米，高 26 厘米，中国武术研究院藏）

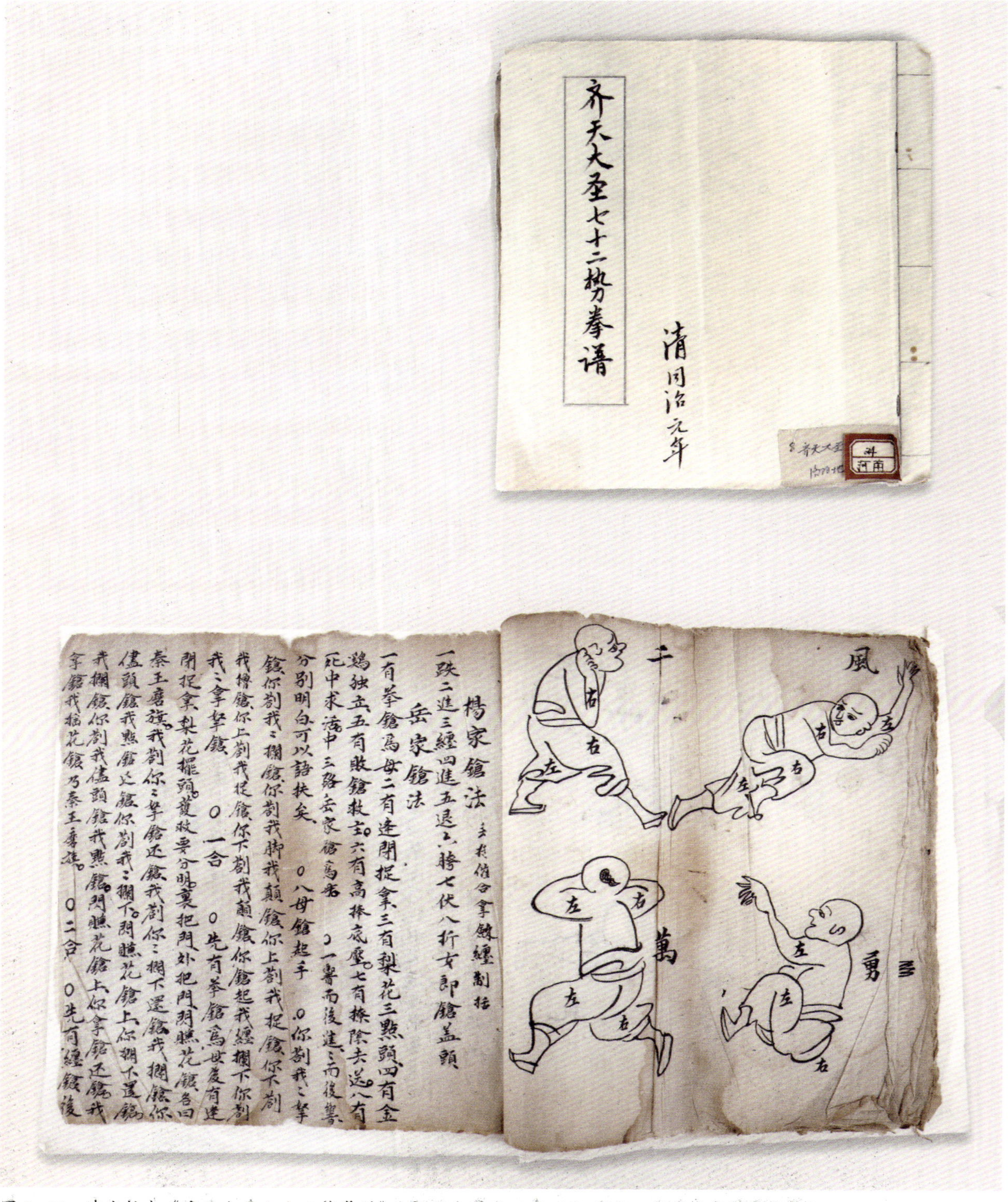

图 2-66 清代抄本《齐天大圣七十二势拳谱》（宽 25.5 厘米，高 26.5 厘米，中国武术研究院藏）

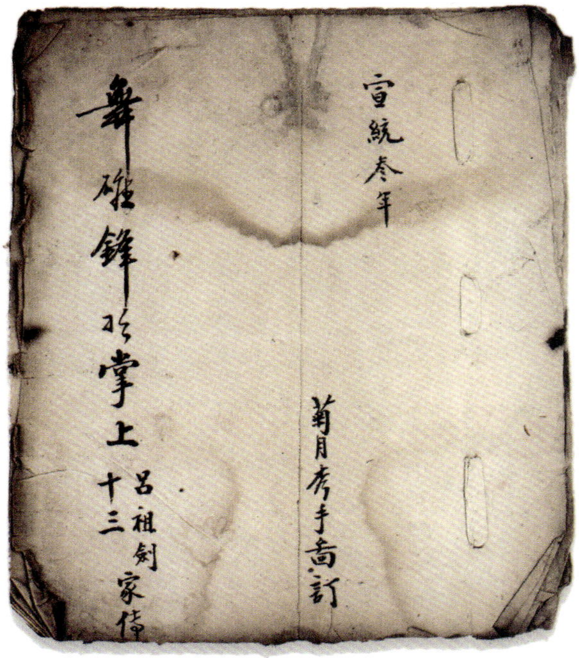

图 2-67　清代宣统三年（1911 年）手抄本《吕祖十三剑》（宽 19 厘米，高 22.5 厘米，中国武术研究院藏）

图 2-68　清代《少林技击谱》册封面（纵 25 厘米，横 15.4 厘米，共计 54 页，四川博物院藏）

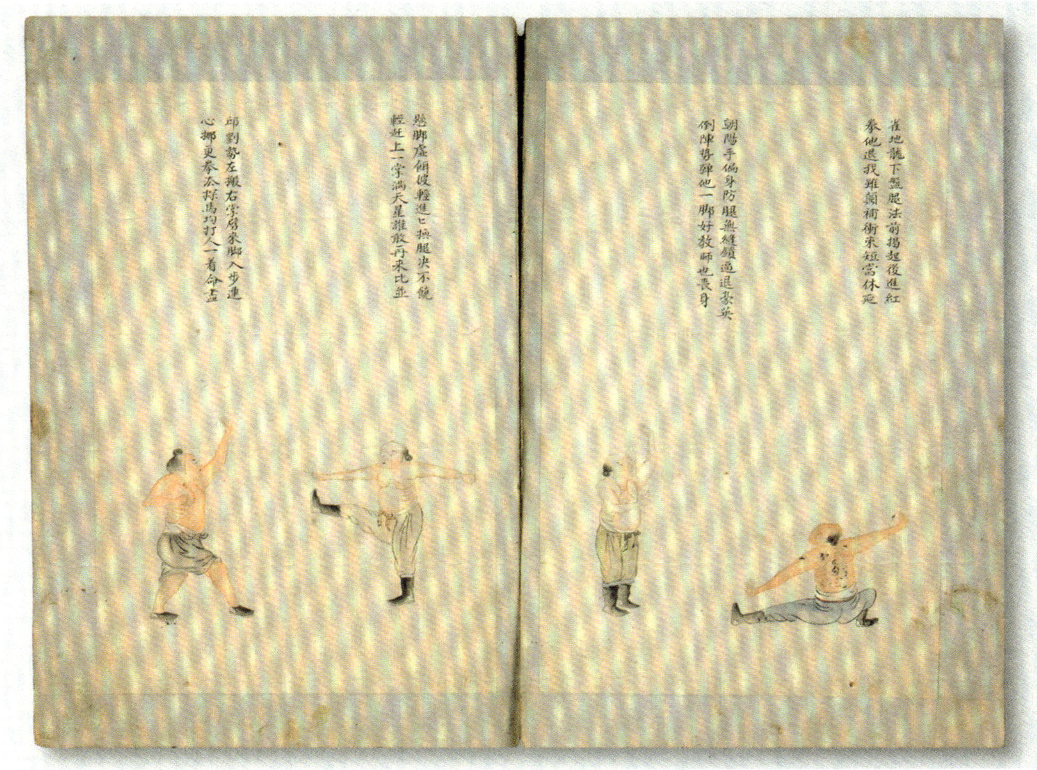

图 2-69　清代《少林技击谱》册内文一（纵 25 厘米，横 15.4 厘米，共计 54 页，四川博物院藏）

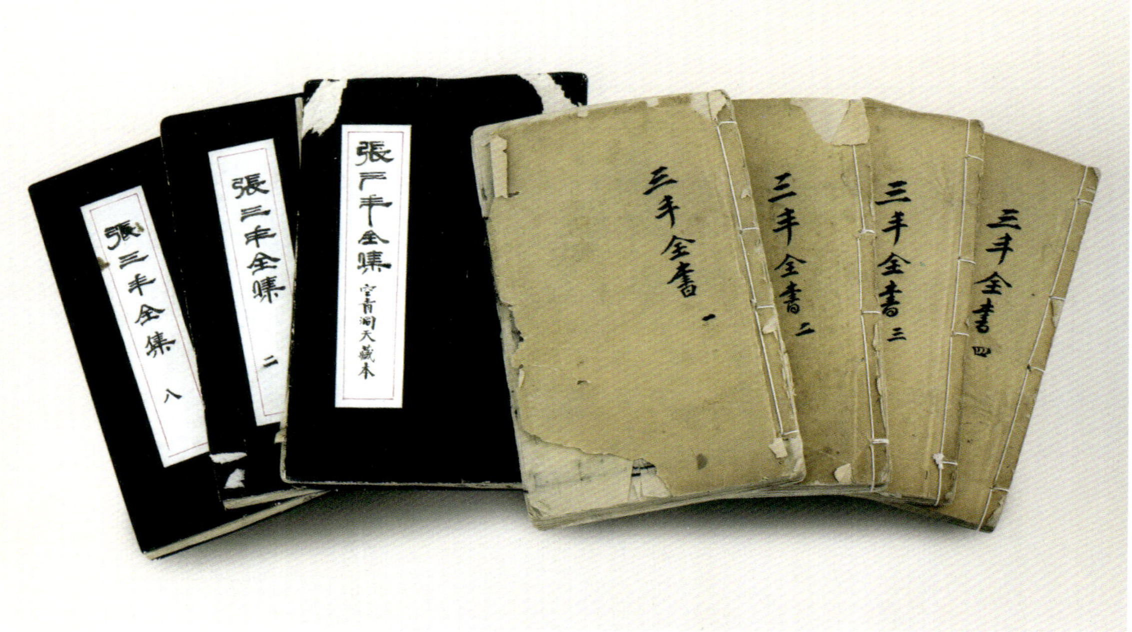

图 2-70　清代雍正年木刻板《张三丰全集》《三丰全书》（宽 14 厘米，高 21 厘米，中国武术研究院藏）

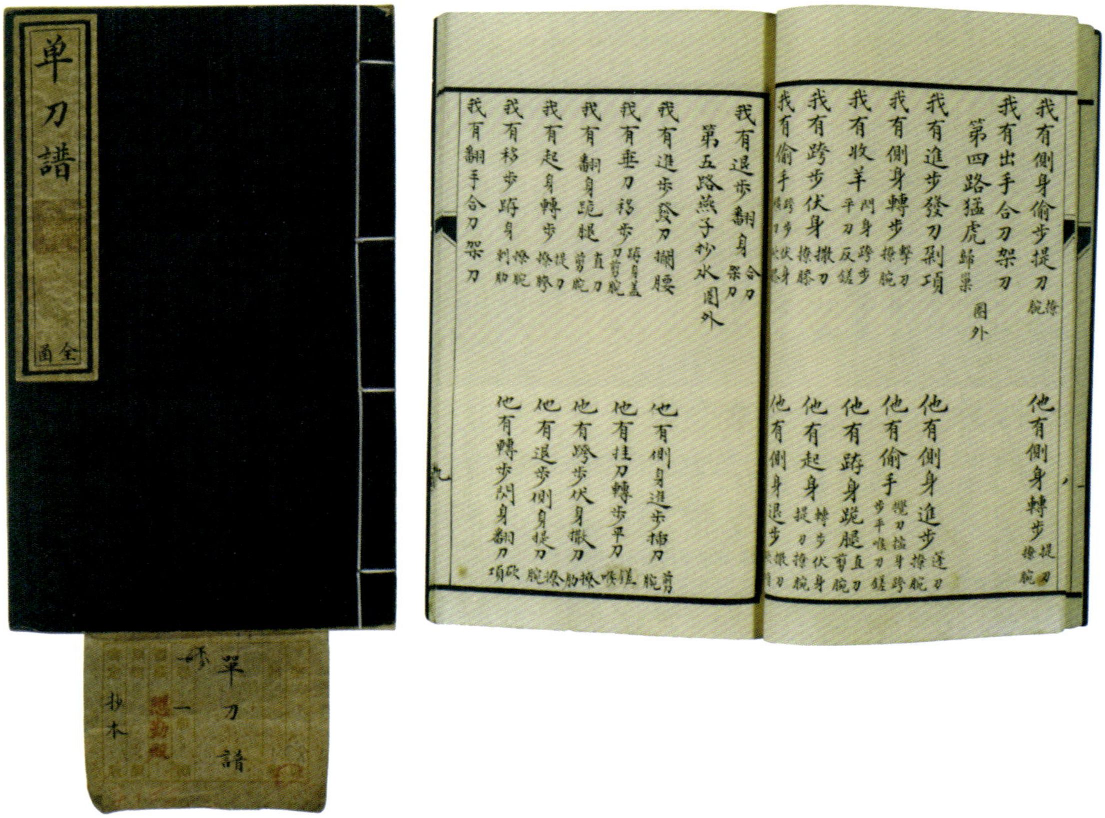

图 2-71　清代李锡保、李三友等编，道光年内府抄本《单刀谱》封面和内页（故宫博物院藏）

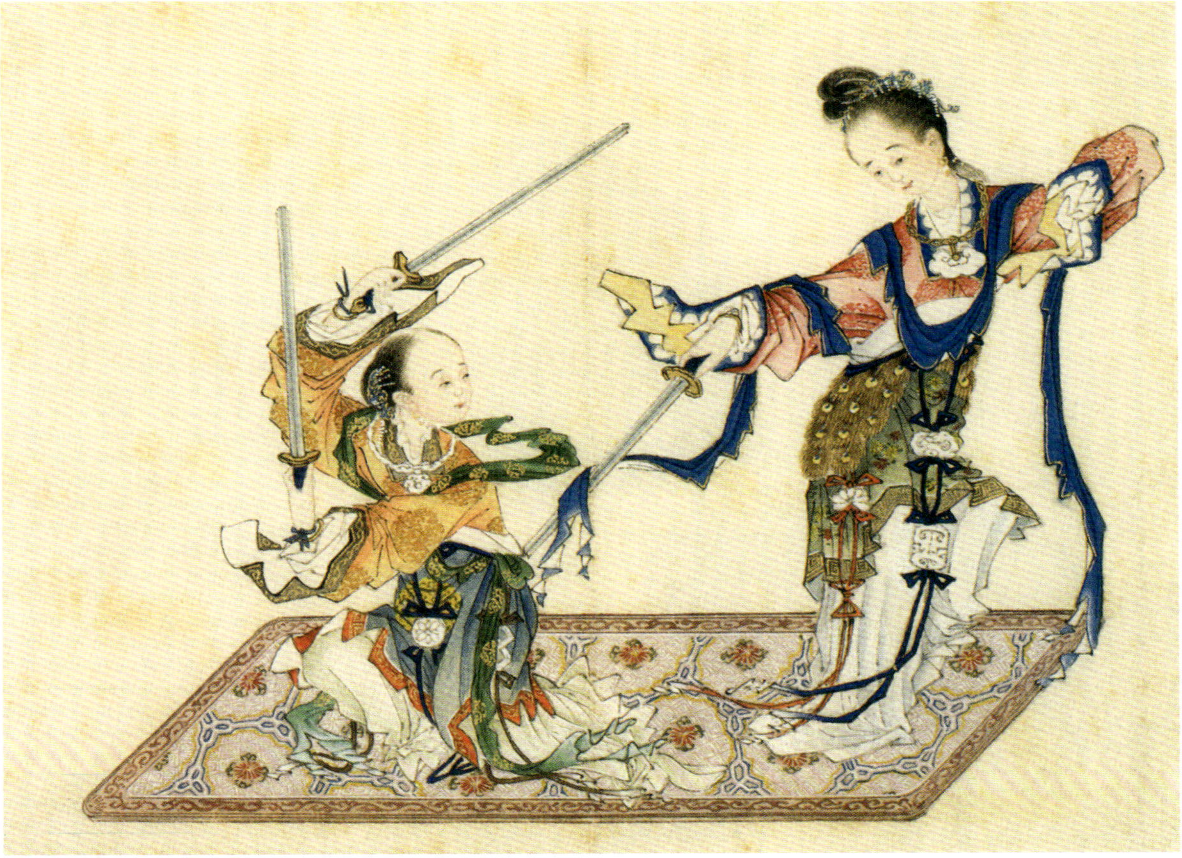

图 2–72　清代喻兰绘《仕女清娱图册》之对剑（纸本设色，每开纵 17 厘米，横 22.7 厘米，故宫博物院藏）

图 2–73　清代张恺、王继明、张启明、屈兆麟绘 :《普庆升平图》（卷）五虎棍（故宫博物院藏）

图 2–74　清代张恺、王继明、张启明、屈兆麟绘：《普庆升平图》（卷）五虎开路（故宫博物院藏）

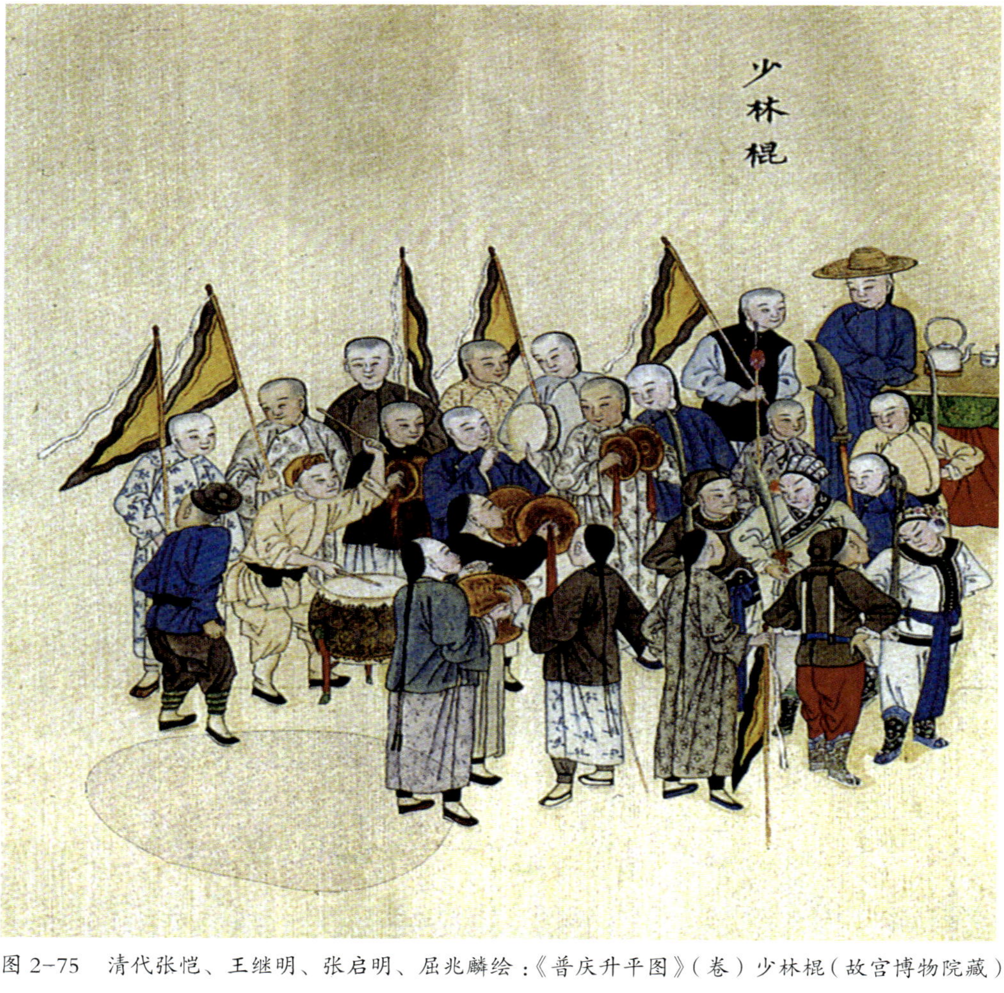

图 2–75　清代张恺、王继明、张启明、屈兆麟绘：《普庆升平图》（卷）少林棍（故宫博物院藏）

第三章 角力与摔跤

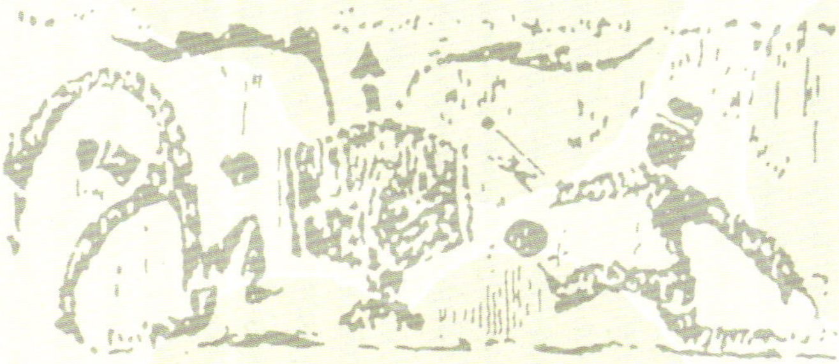

中国古代的角力，亦称角抵、相扑，即后来的摔跤。作为一项历史悠久的传统体育项目，这一运动形式是史前人类最初的自身防卫手段的发展和延续。在中国古代的几千年历史中，这一活动形式既是军事训练的重要内容，又是社会上的一种娱乐和竞技项目，在不同阶层皆有着广泛的基础，深受人们的喜爱。角力及至发展到后来的摔跤活动，是古代华北地区人们常见的一项体育活动形式。随着历史的发展和各民族广泛的文化交往，这类极具竞技特色的古代传统运动形式，还不断地在不同民族中间流传，成为深具影响力和民族风格的体育运动项目。

图 3–1　汉角抵纹肖形印（故宫博物院藏）

图 3-2　北魏浮雕角抵图石砚（1970 年山西省大同市出土）

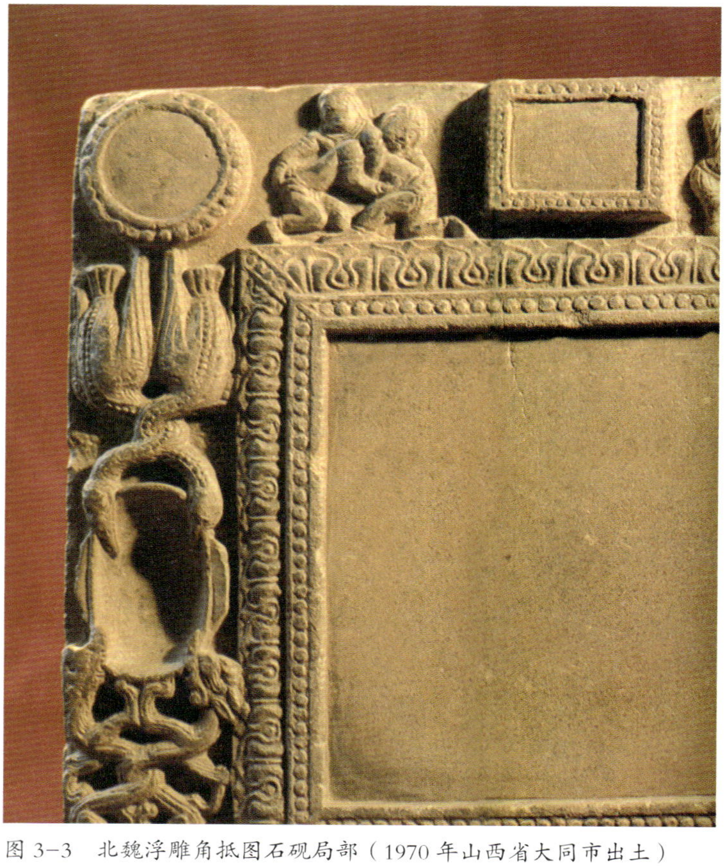

图 3-3　北魏浮雕角抵图石砚局部（1970 年山西省大同市出土）

图 3-4　宋代相扑图壁画摹本（1977 年山西省晋城市南社宋墓出土）

图 3-5　明代暗花罗方领女夹衣之绣观摔跤图（北京昌平明定陵出土）

图 3–6　明代太子相扑图壁画（山西省太原市崇善寺明代壁画，原题：与南天国争上下国相扑）

图 3-7　清代佚名绘《塞宴四事图》摔跤（故宫博物院藏）

图 3-8　清代木雕摔跤人印版（一套八件）之一（故宫博物院藏）

图 3-9　清代木雕摔跤人印版（一套八件）之二（故宫博物院藏）

图 3-10　清代木雕摔跤人印版（一套八件）之三（故宫博物院藏）

图 3-11　清代木雕摔跤人印版（一套八件）之四（故宫博物院藏）

图 3-12 清代木雕摔跤人印版（一套八件）之五（故宫博物院藏）

图 3-13　清代木雕摔跤人印版（一套八件）之六（故宫博物院藏）

图 3-14　清代木雕摔跤人印版（一套八件）之七（故宫博物院藏）

图 3-15　清代木雕摔跤人印版（一套八件）之八（故宫博物院藏）

图 3-16　清代佚名绘《摔跤图》卷（纵 62 厘米，横 131.2 厘米，首都博物馆藏）

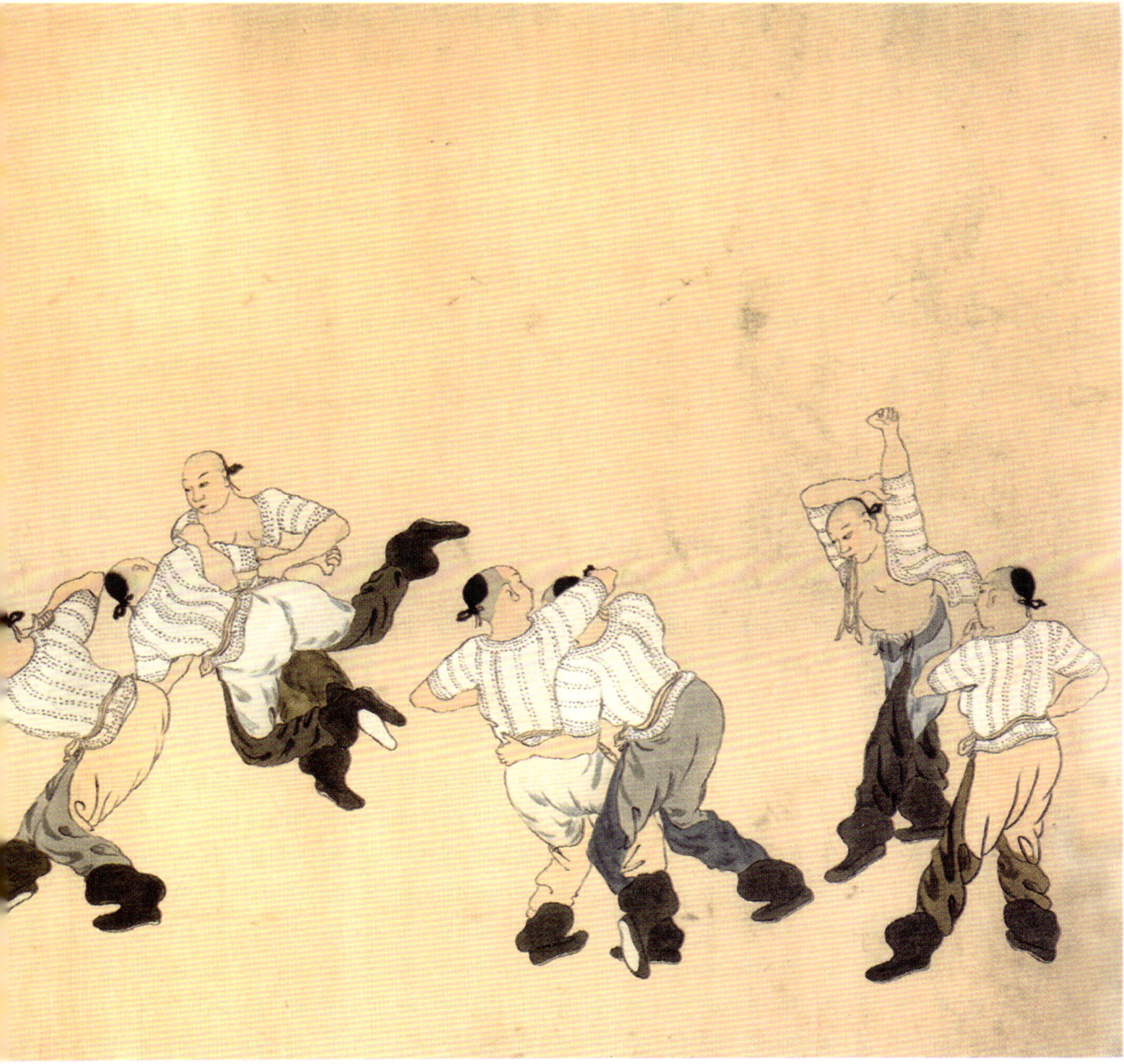

图 3-17　清代佚名绘《百子图》卷局部摔跤（绢本设色，纵 30 厘米，横 333 厘米，天津博物馆藏）

图 3-18　清代善扑营摔跤图（故宫博物院藏）

第四章 练力与举重

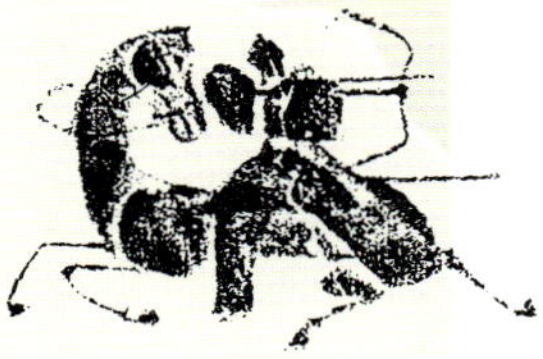

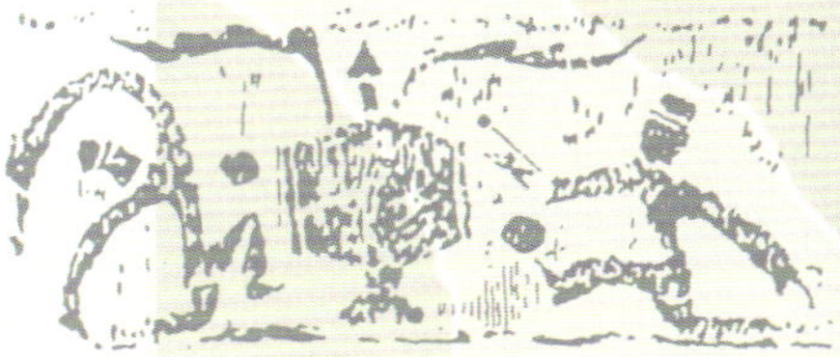

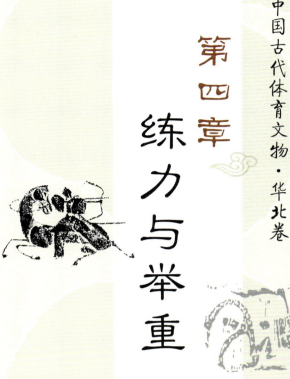

作为古代人们习武和健身手段之一的练力与举重活动，其最初源于原始人类的生活实践，是人们基本生活技能提炼的结晶。随着社会的进步和文化的发展，广泛盛行于民间的练力与举重也逐渐成了军事训练的重要项目。古代华北地区的练力与举重活动，同样与当地人们的生活实践有着密切关系，是人们在不同历史时期生产与生活手段的发展和演化。在发展过程中，由生产和生活实践发展而来的与这两项相关的运动技能，无论在内容上，还是在竞赛方式上，都得到了进一步的提高。不同形式和不同特点的练力与举重活动在不同时期的发展，更加丰富了古代华北地区体育的活动内容。

图 4-1　西周青铜人顶盘（灯）（高 13.2 厘米，铳间距 8.6 厘米，山西省临汾市翼城县大河口墓地出土，山西省考古研究所藏）

图 4-2　战国人形铜灯（国家博物馆藏）

图 4-3　战国银首人俑灯（1977 年河北省平山县三汲乡出土）

图 4-4　西汉鎏银骑兽博山炉（1968 年河北省满城县陵山二号汉墓出土）

图 4-5　金代壁画隔城投象图（选自柴泽俊编著《山西寺观壁画》图一〇一）

图 4-6 明代太子掷象过城壁画（山西省太原市崇善寺 明代壁画，原题：太子神威广大，掷象过城，车匿惊恐）

图 4-7　清代净信寺三佛殿东壁壁画——隔城抛象（选自柴泽俊编著《山西寺观壁画》图三五六）

图 4-8　清代张恺、王继明、张启明、屈兆麟绘：《普庆升平图》（卷）1－3 双石（故宫博物院藏）

图 4-9　清代张恺、王继明、张启明、屈兆麟绘：《普庆升平图》（卷）1- 4 石锁（故宫博物院藏）

石鎖

图 4-10　清代端技勇石图（选自北京图书馆藏清代民间艺人画稿《北京民间风俗百图》）

图 4-11　清代卖艺图（选自北京图书馆藏清代民间艺人画稿《北京民间风俗百图》）

图 4-12　清代耍石担图（选自北京图书馆藏清代民间艺人画稿《北京民间风俗百图》）

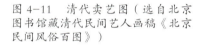

第五章 跑、跳与投掷

跑、跳与投掷等活动形式是中国古代体育活动中的主要运动内容。作为人类最初的生存技能，这类运动形式是人类在与自然界的斗争中逐渐产生和发展起来的。出现在古代华北地区的跑、跳与投掷等活动形式，均是不同民族生产与生活实践的发展与演进。随着社会的发展，与古代跑、跳、投掷这类运动形式相关的运动，日渐成了不同民族间竞技和军事训练的主要项目，并得到了进一步的发展。由于它与人们的生活有着密切的关系，因而古代跑、跳、投掷这类运动形式虽未形成规范的竞赛方式，但却成为深受人们喜爱的、长盛不衰的传统体育运动项目。

图 5-1 原始人使用石球投掷图（选自《杂戏》）

图 5-2　夸父逐日图（选自《山海经》）

图 5-3　西周《令鼎》铭文拓本（选自《忘忧清乐》）

该鼎铭文共8行，凡70字。主要记述了周王在亲耕藉田礼毕后返回宫中的路上，命二位王车之先导武士，与王之马车竞跑，最后获胜而得到奖赏之事。这一事实说明了文献所记述的始设于汉代，在出行队列前以长跑为天职的“伍伯”，在西周时即已有了雏形。

图 5-4 《令鼎》“伍伯”铭文介绍

图 5-5 东汉车马出行图壁画（河北安平出土）

图 5-6 唐代银杯上保留的使用飞石索的图案（故宫博物院藏）

图 5-7 明代《三才图会》插图之击壤图（北京图书馆藏书）

图 5-8 清代击壤图（杨柳青年画）

第六章 球类活动

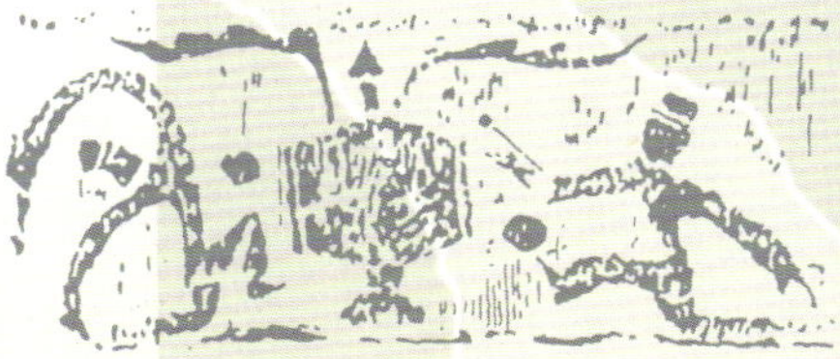

在世界古代体育运动发展史上，中国可谓是球类运动项目较为丰富的国家之一。球类运动有蹴鞠、马球、捶丸等，这几类运动形式间有着极为密切的关系。随着不同历史时期的发展，古代华北地区流行的这类运动项目又不断成为民间娱乐、军队训练和赛场竞技的重要内容。悠久的历史，多样的形式，使中国古代球类活动千姿百态，成为华北地区各民族传统体育的重要组成部分。

一、蹴鞠

图 6-1-1　旧石器时代石球（山西省襄汾县丁村出土）

图 6-1-2　汉代蹴鞠纹瓦当拓本（选自赵力光编《中国古代瓦当图典》）

图 6-1-3　汉代蹴鞠纹肖形印（故宫博物院藏）

图 6-1-4　汉代蹴鞠纹肖形印拓本（故宫博物院藏）

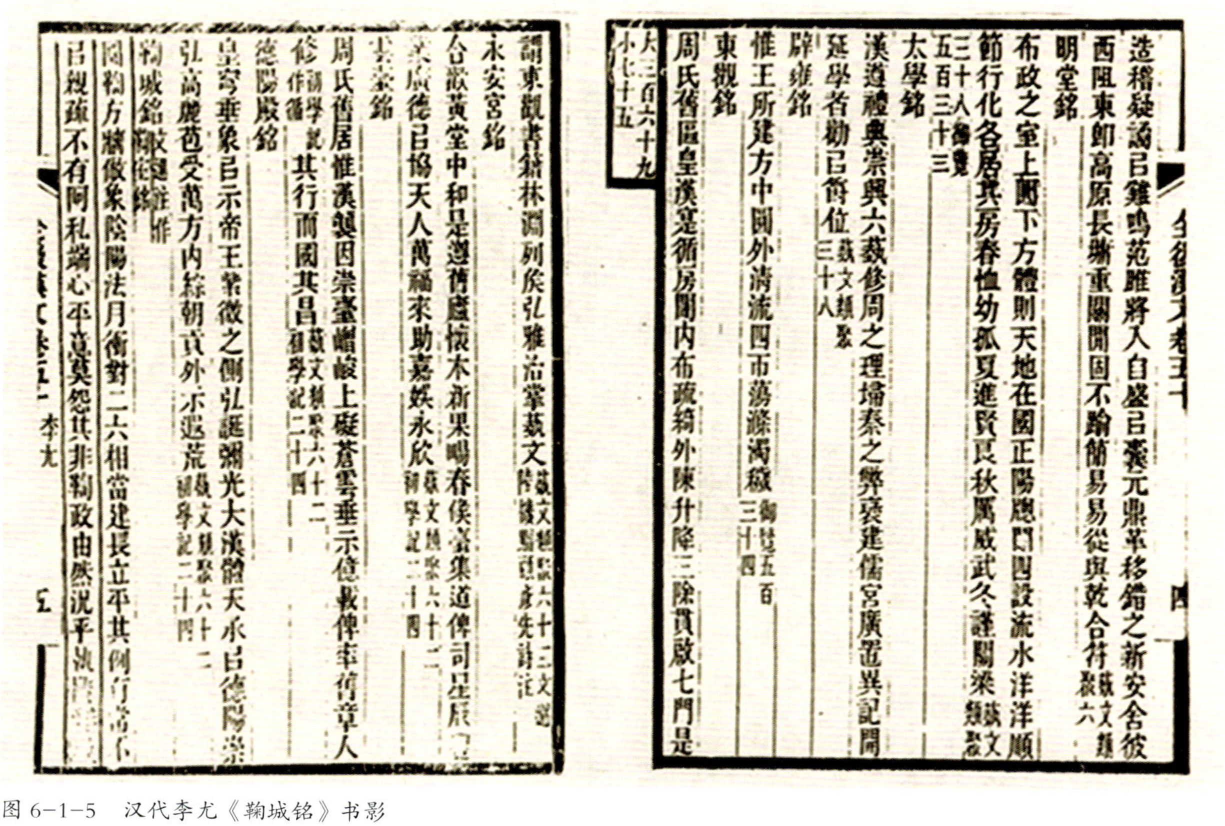

全後漢文卷五十　四

造稽疑諮以雞鳴苑雎將入自盛以褒元鼎革移錯之新安舍彼
西阻東卽高原長塲重關開固不踰簡易易從與乾合符 藝文類聚六
明堂銘
布政之室上圓下方體則天地在國正陽窗闥四設流水洋洋順
節行化各居其房春恤幼孤夏進賢良秋厲威武冬謹關梁 藝文類聚三十八 御覽五百三十三
太學銘
漢遵禮典崇興六藝修周之理埽秦之弊褒建儒宮廣置異記開
延學者勸以爵位 藝文類聚三十八
辟雍銘
惟王所建方中圓外清流四帀蕩滌濁穢 御覽五百三十四
東觀銘
周氏舊區皇漢寔循房闥內布疏綺外陳升降三除貫啟七門是

大三百六十九 小七十五

謂東觀書籍林淵列侯弘雅治掌藝文 藝文類聚六十三 文選陸機贈顧彥先詩注
永安宮銘
合歡黃堂中和是遵舊廬懷本新果暢春侯臺集道傳司星辰
亥廣德以協天人萬福來助嘉娛永欣 藝文類聚六十二 初學記二十四
雲臺銘
周氏舊居惟漢襲因崇臺巀嶭上凝蒼雲垂示億載傳率舊章人
修 初學記作循 其行而國其昌 藝文類聚六十二 初學記二十四
德陽殿銘
皇穹垂象以示帝王紫微之側弘誕彌光大漢體天承以德陽崇
弘高麗苞受萬方內綜朝貢外示遐荒 藝文類聚六十二 初學記二十四
鞠城銘
圓鞠方牆倣象陰陽法月衡對二六相當建長立平其例有常不
以親疏不有阿私端心平意莫怨其非鞠政由然況乎執

全後漢文卷五十 李尤　五

图 6-1-5　汉代李尤《鞠城铭》书影

图 6-1-6　宋代磁州窑蹴鞠图纹枕（鹤煤集团古典艺术博物馆藏）

图 6-1-7　宋代蹴鞠图陶枕（故宫博物院藏）

图 6-1-8　宋代蹴鞠纹铜镜（中国国家博物馆藏）

图 6-1-9　宋代苏汉臣绘《长春百子图》卷局部童子蹴鞠（故宫博物院藏）

图 6-1-10　明代五彩蹴鞠图高足碗（中国体育博物馆藏）

图 6-1-11　明代女夹衣百子戏图局部童子蹴鞠（1956—1958 年北京市昌平县明定陵出土）

图 6-1-12　明代佚名绘《宣宗行乐图》卷蹴鞠图（故宫博物院藏）

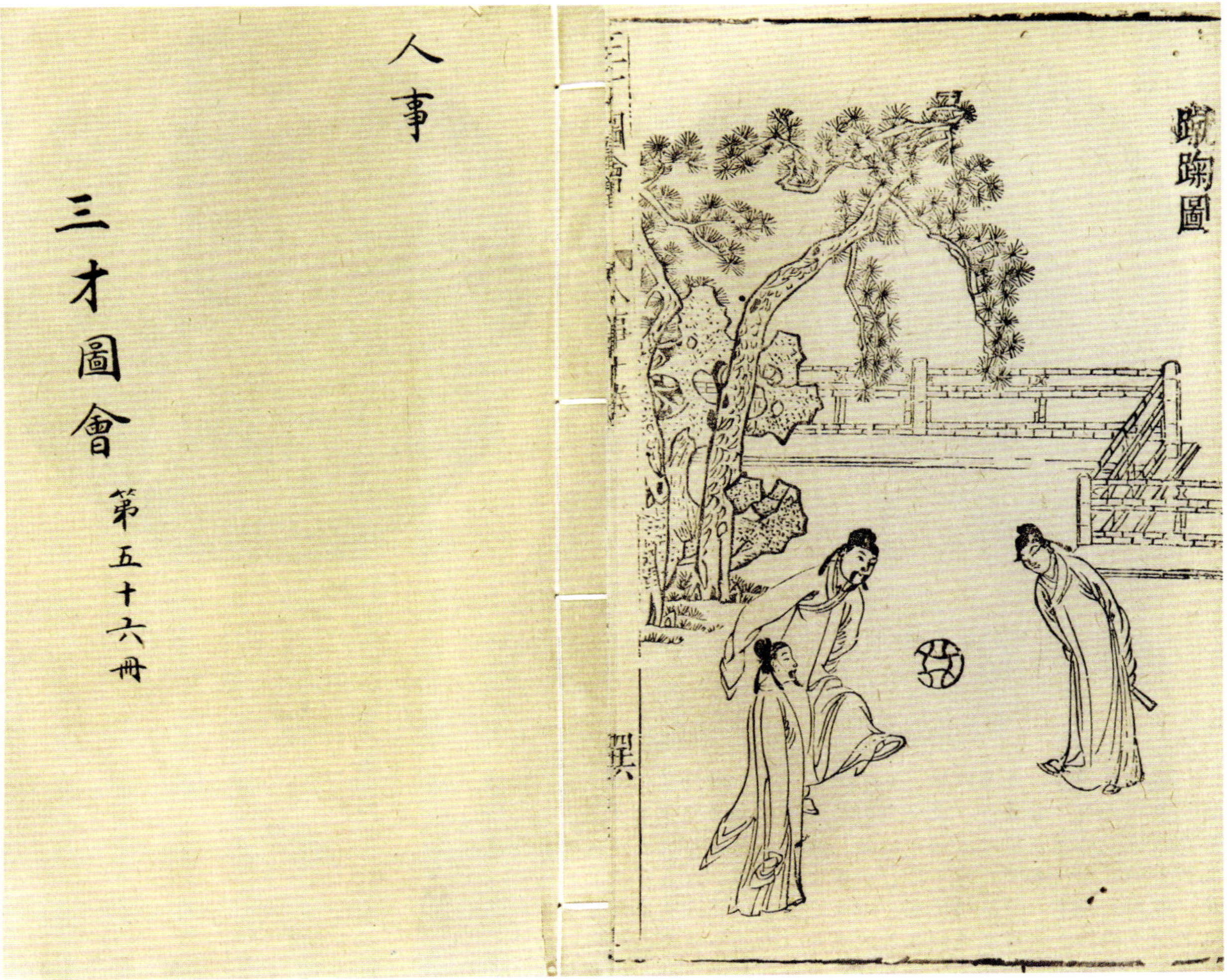

图 6-1-13　明代王思义续集，清代黄晟重校　清代乾隆年间槐荫草堂刻本《三才图绘》（故宫博物院藏）

图 6-1-14　清代蹴鞠图五彩瓷坛盖（中国体育博物馆藏）

图 6-1-15　清代蹴鞠图漆绘铜牌（中国体育博物馆藏）

图 6-1-16　清佚名绘《蹴鞠图》册（中国体育博物馆藏）

此中國踢球之圖也二人以石球二個為賭用
些碎磚瓦塊舖地用一球先擺一處二球離七
八尺遠每人踢兩次踢中為贏不中便輸

图 6-1-17　清代民间艺人画稿《北京民间风俗百图》石球图（北京图书馆藏）

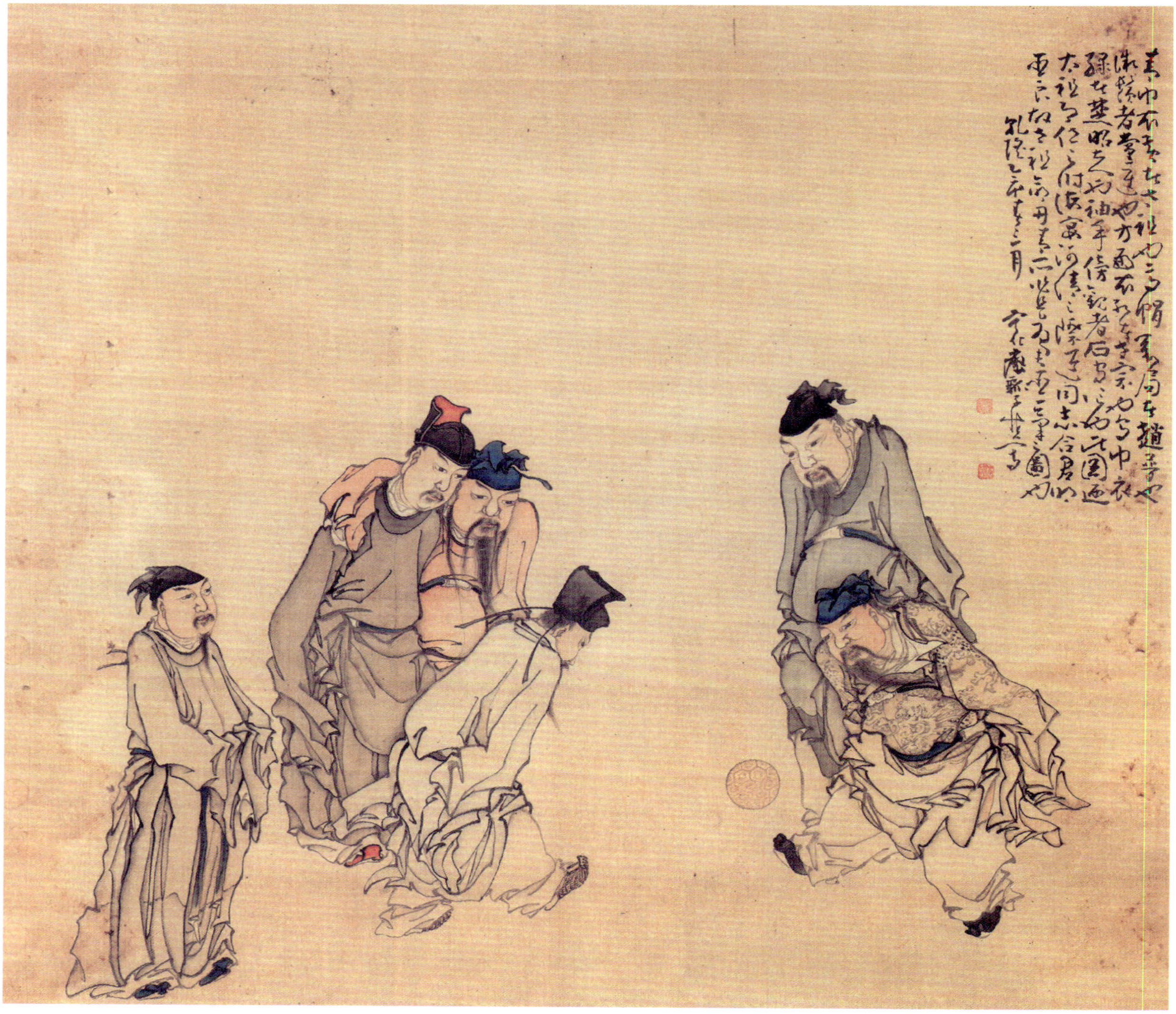

图 6-1-18　清代黄慎绘《蹴鞠图》轴（绢本设色，纵 116.5 厘米，横 125.5 厘米，天津博物馆藏）

二、马球

图 6-2-1　唐代打马球画像菱花镜（故宫博物院藏）

图 6-2-2　唐代彩绘打马球俑之一（吉美国立亚洲艺术博物馆藏）

图 6-2-3　唐代彩绘打马球俑之二（吉美国立亚洲艺术博物馆藏）

图 6-2-4　唐代彩绘打马球俑之三（吉美国立亚洲艺术博物馆藏）

图 6-2-5　唐代彩绘打马球俑之四（吉美国立亚洲艺术博物馆藏）

图 6-2-6　唐代彩绘打马球俑之五（吉美国立亚洲艺术博物馆藏）

图 6-2-7　唐代彩绘打马球俑之六（吉美国立亚洲艺术博物馆藏）

图 6-2-8　宋代打马球画像砖（中国体育博物馆藏）

图 6-2-9　宋代打马球图壁画（河北省邢台市巨鹿县宋代壁画墓出土）

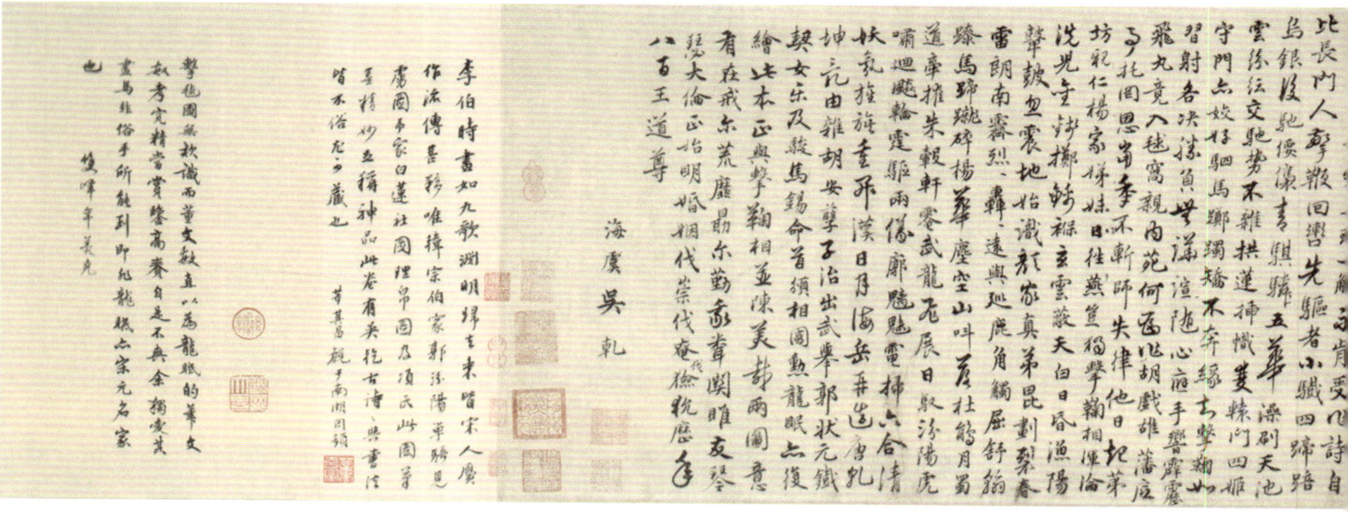

图 6-2-10　宋代佚名绘《明皇击鞠图》局部之一（辽宁省博物馆藏）

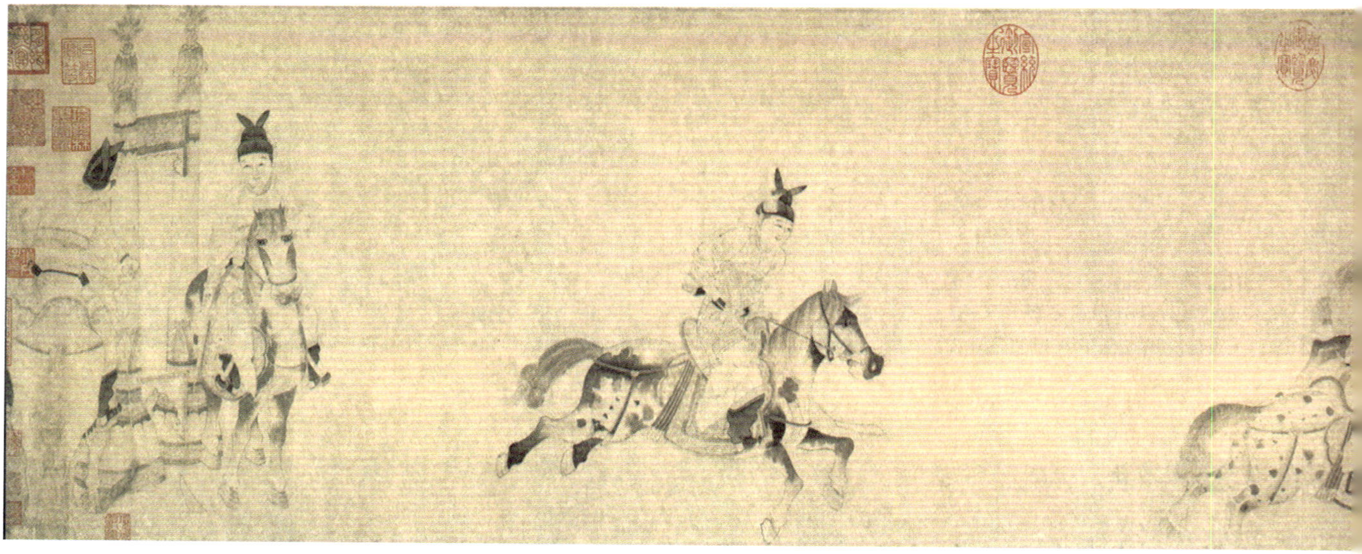

图 6-2-11　宋代佚名绘《明皇击鞠图》局部之二（辽宁省博物馆藏）

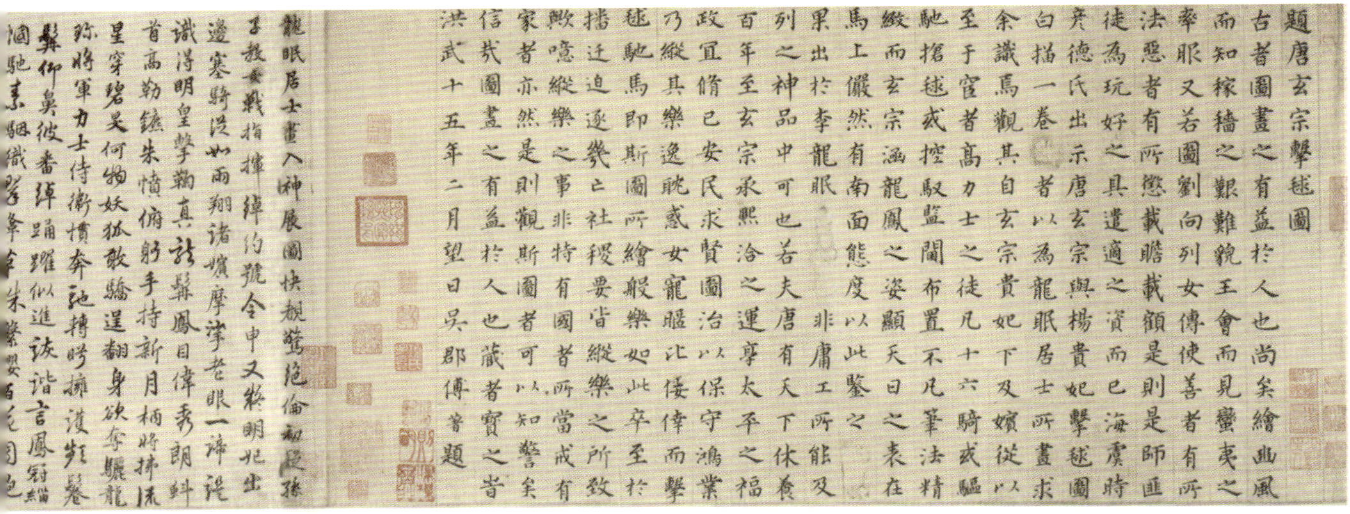
題唐玄宗擊毬圖
古者圖畫之有益於人也尚矣繪幽風
而知稼穡之艱難貌王會而見蠻夷之
率服又若圖劉向列女傳使善者有所
法惡者有所懲載瞻載顧是則是師匪
徒為玩好之具遣適之資而已海虞時
斉德氏出示唐玄宗與楊貴妃擊毬圖
白描一卷者以為龍眠居士所畫求
余識焉觀其自玄宗貴妃下及嬪從以
至于宦者高力士之徒凡十六騎武驅
馳播毬或控馭監闌布置不凡筆法精
緻而玄宗涵龍鳳之姿顯天日之表在
馬上儼然有南面態度以此鑒之
果出於李龍眠非庸工所能及
列之神品中可也若夫唐有天下休養
百年至玄宗承熙洽之運享太平之福
政宜脩已安民求賢圖治以保守鴻業
乃縱其樂逸耽惑女寵昵比佞倖而擊
毬馳馬即斯圖所繪般樂如此卒至於
播迁追逐幾亡社稷要皆縱樂之所致
歟噫縱樂之事非特有國者所當戒有
家者亦然是則觀斯圖者可以知警矣
信哉圖畫之有益於人也藏者寶之旹
洪武十五年二月望日吳郡傅著題

八徵耄念之寶
太上皇帝之寶

图 6-2-12　宋代佚名绘《明皇击鞠图》局部之三（辽宁省博物馆藏）

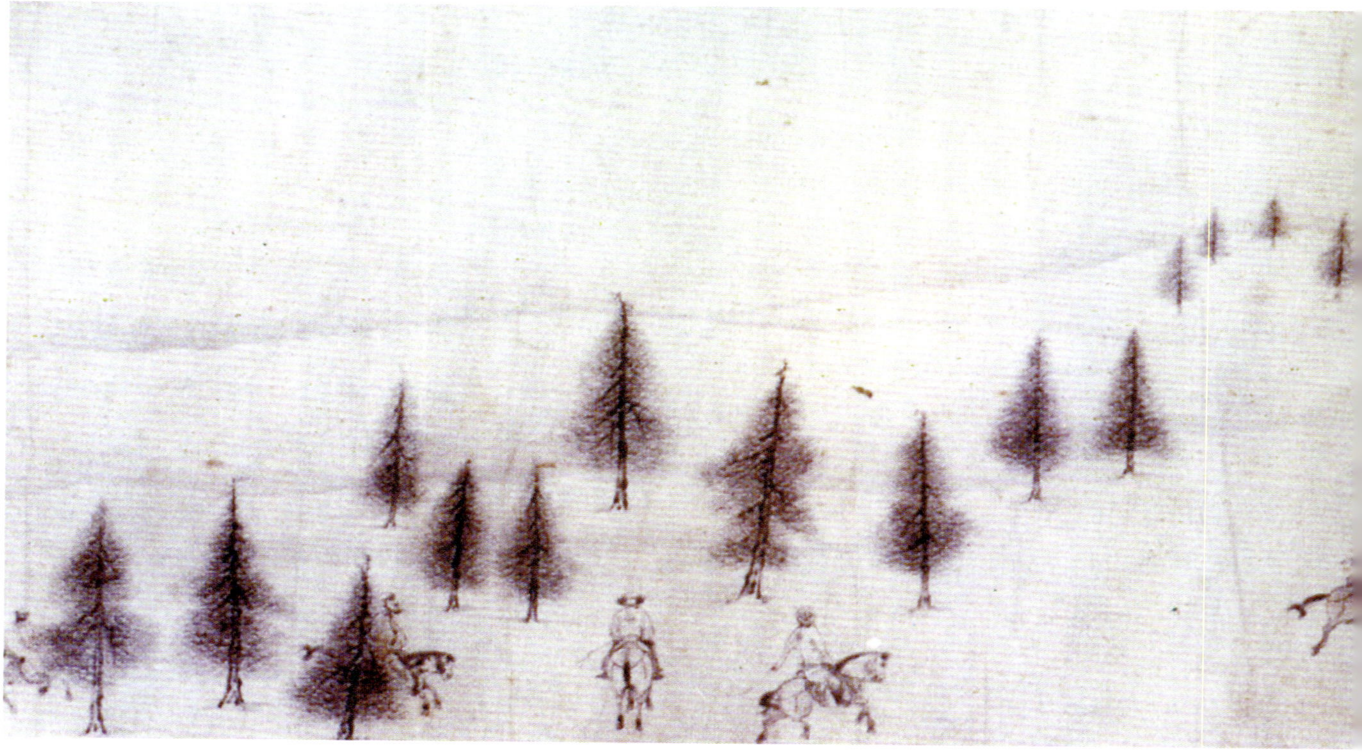

图 6-2-13　辽代陈及之绘《便桥会盟图》局部打马球（故宫博物院藏）

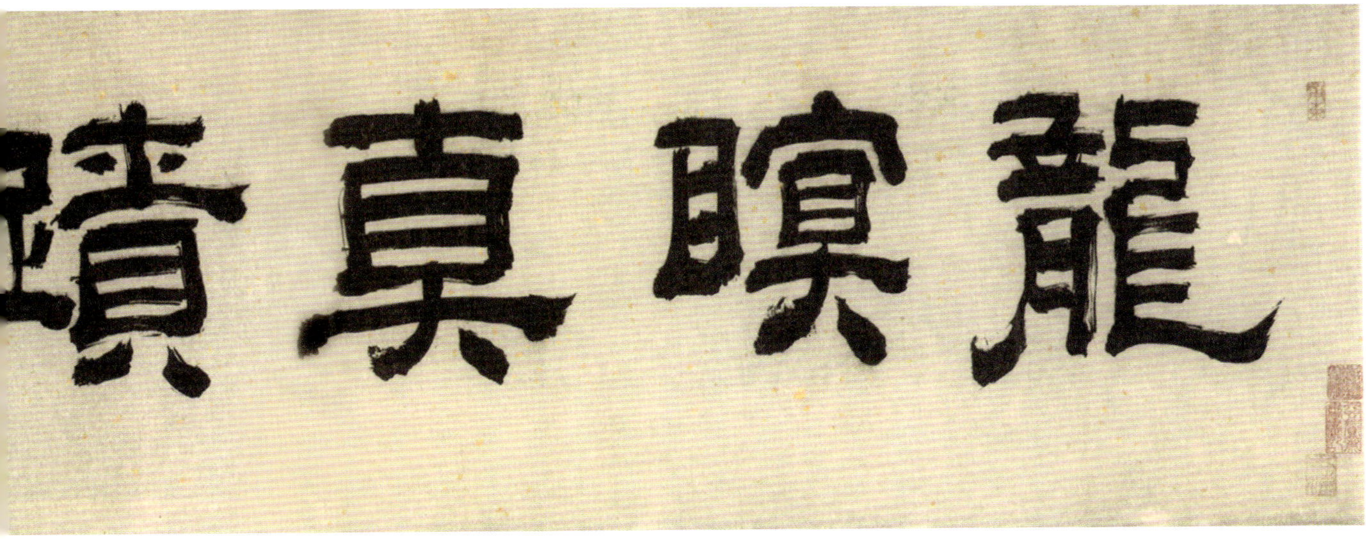
龍瞑真蹟

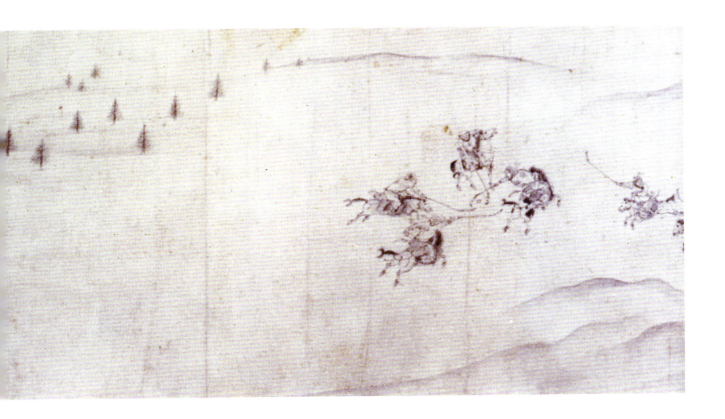

图 6-2-14　明代佚名临《宋人击球图》（英国维多利亚·阿尔贝蒂博物馆藏）

图 6-2-15　金代打马球画像砖雕之一（山西省襄汾县曲里村出土）

图 6-2-16　金代打马球画像砖雕之二（山西省襄汾县曲里村出土）

图 6-2-17　金代打马球画像砖雕之三（山西省襄汾县曲里村出土）

图 6-2-18　金代打马球画像砖雕之四（山西省襄汾县曲里村出土）

图 6-2-19　明代佚名绘《明宣宗行乐图》卷打马球图（故宫博物院藏）

三、捶丸

图 6-3-1　唐代童子捶丸土花毡局部（日本奈良正仓院藏）

图 6–3–2　唐代仕女捶丸图壁画（日本高松冢古坟壁画，日本奈良国立文化财研究所飞鸟资料馆藏）

图 6–3–3　唐代童子捶丸土花毡（日本奈良正仓院藏）

图 6-3-4　宋代击球婴戏图陶枕（陈万里《陶枕》著录）

图 6-3-5　宋代童子捶丸图陶枕（陈万里《陶枕》著录）

图 6-3-6　宋代绞胎球（左球直径 4 厘米，右球直径 6 厘米，故宫博物院藏）

图 6-3-7　元代捶丸图壁画（山西省洪洞县广胜寺水神庙明应王殿壁画）

图 6-3-8　明代玉捶丸童子（选自《中国文物世界》第 70 辑）

图 6-3-9 明代佚名绘《宣宗行乐图》卷局部捶丸之一（故宫博物院藏）

图 6-3-10 明代佚名绘《宣宗行乐图》卷捶丸之二（故宫博物院藏）

图 6-3-11　明代佚名绘《宣宗行乐图》卷捶丸之三（故宫博物院藏）

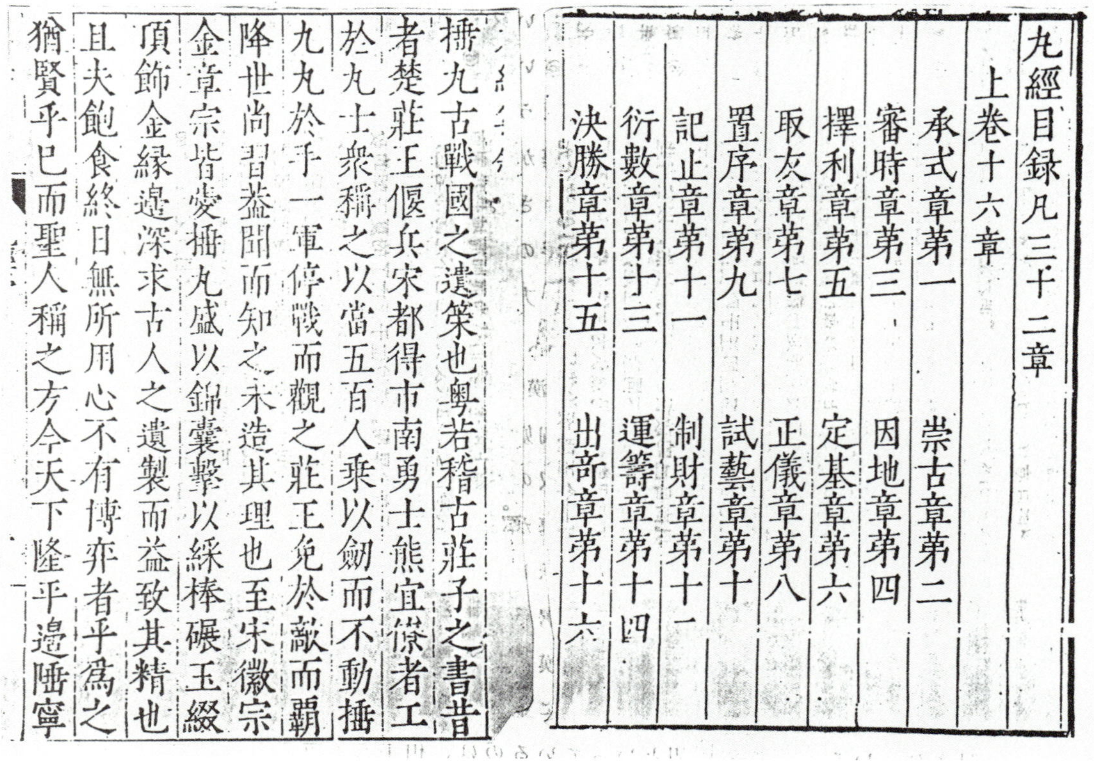

丸經目録凡三十二章

上卷十六章

承式章第一　崇古章第二

審時章第三　因地章第四

擇利章第五　定基章第六

取友章第七　正儀章第八

置序章第九　試藝章第十

記止章第十一　制財章第十二

衍數章第十三　運籌章第十四

決勝章第十五　出奇章第十六

捶丸古戰國之遺策也粤若稽古莊子之書昔者楚莊王偃兵宋都得市南勇士熊宜僚者工於丸士衆稱之以當五百人乘以劍而不動捶丸丸於手一軍停戰而覩之莊王免於敵而覇降世尚習蓋閱而知之未造其理也至宋徽宗金章宗皆愛捶丸盛以錦囊擊以綵棒碾玉綴頂飾金緣邊深求古人之遺製而益致其精也且夫飽食終日無所用心不有博弈者乎爲之猶賢乎已而聖人稱之方今天下隆平邊陲寧

图 6-3-12　明刻本《丸经》书影（国家图书馆藏）

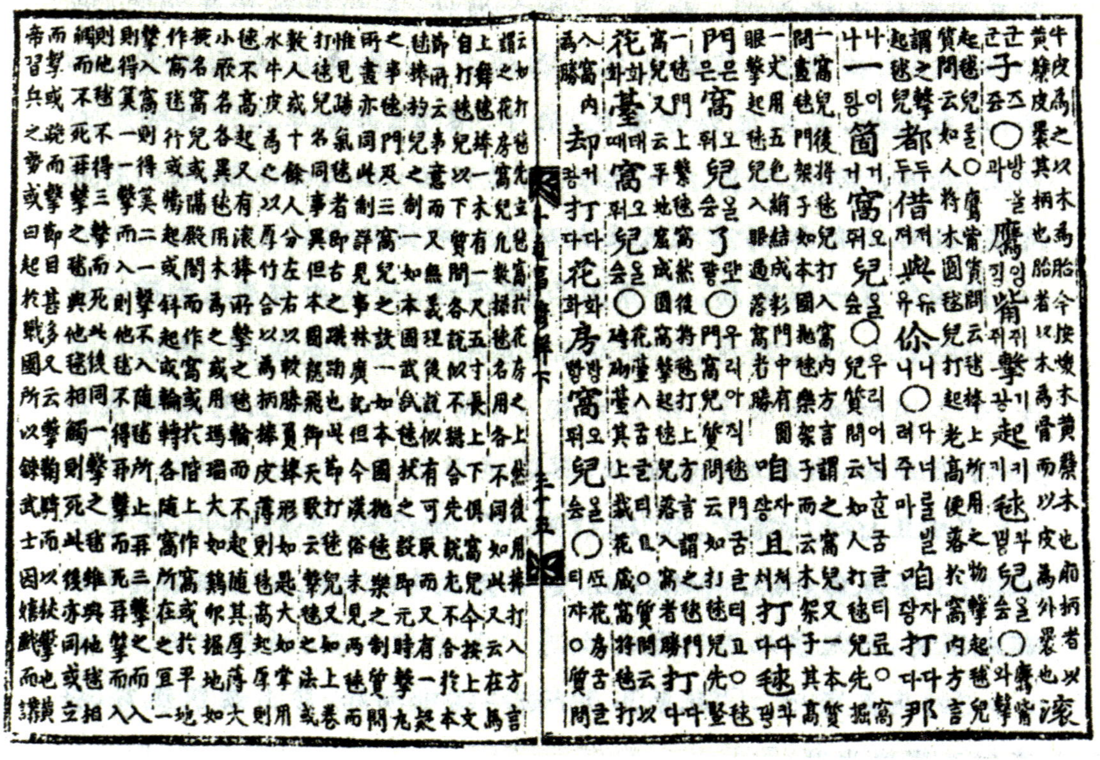

图 6-3-13　记载捶丸的古代朝鲜史书《朴通事谚解》书影（出版于公元十四世纪中期的高句丽）

第七章 保健养生

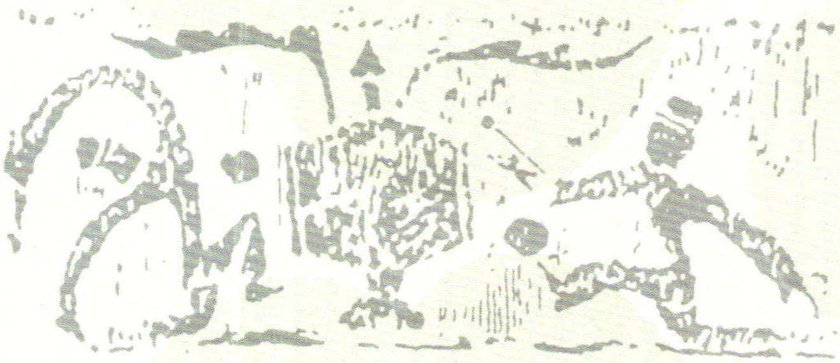

以呼吸配合肢体运动为主要形式的保健养生活动，是中国古代医疗体育的重要内容。早在距今 3000 多年前的夏商时期，华北地区的人们为了健康、长寿，创造出了各种保健养生方法。这类丰富而多样的保健养生方法在历史的发展过程中，不断演化、创新，在与医学、舞蹈等不同文化形态的融合过程中，演进成为华北地区先民们一类独特的健身运动项目。在长期的历史发展中，经过各个时代保健养生者的探索和实践，包括导引、行气和按摩在内的养生形式，逐渐成为深受人们喜爱的传统体育的重要内容。

图 7–1　战国青玉“行气铭”玉杖首（高 5.4 厘米，外径 3.4 厘米，天津博物馆藏）

“行氣，深則蓄，蓄則伸，伸則下，下則定，定則固，固則萌，萌則長，長則退，退則天。天機舂在上，地機舂在下。順則生，逆則死。”

這是深呼吸的一個回合。吸氣深入則多其量，使它往下伸，往下伸則定而固；然後呼出，如草木之萌芽，往上長，與深入時的徑路相反而退進，退到絕路。這樣，天機便朝上動，地機便朝下動。順此行之則生，逆此行之則死。

——郭沫若譯文——

图 7-2　战国青玉“行气铭”玉杖首原文及释文（郭沫若释文，天津市历史博物馆藏）

图 7-3　清代按摩器（中国医史博物馆藏品）

图 7-4 清代玛瑙按摩器（故宫博物院藏）

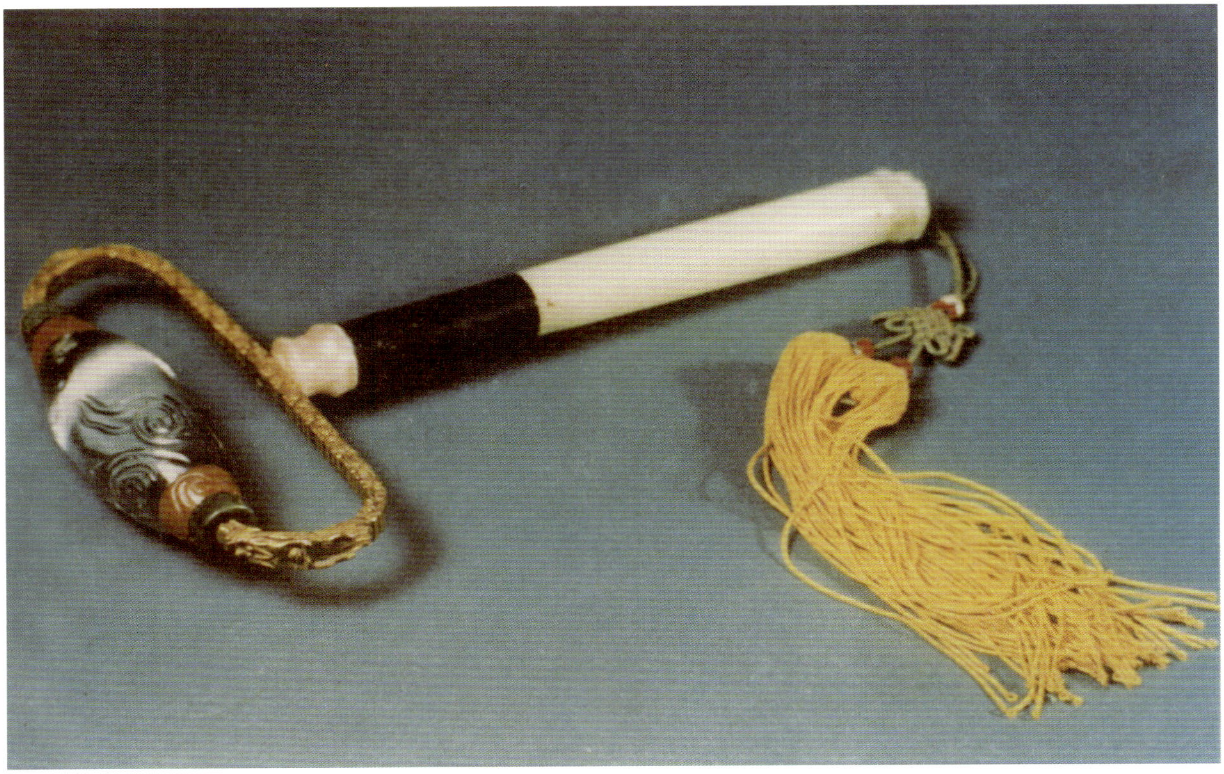

图 7-5 清代玉柄水晶按摩器（故宫博物院藏）

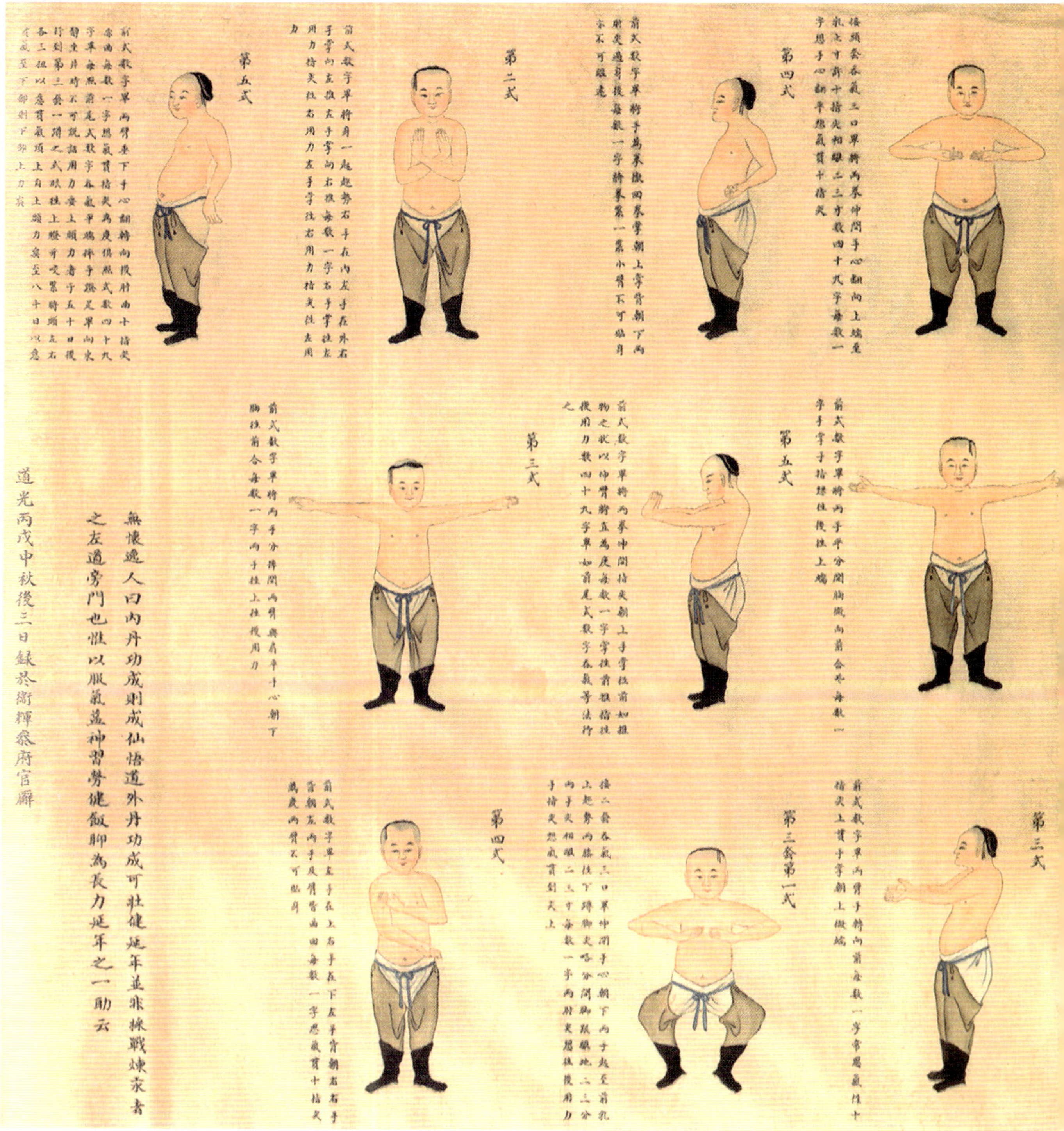

图 7-6　清代佚名绘《气功图》卷（纵 88.7 厘米，横 163.5 厘米，首都博物馆藏）

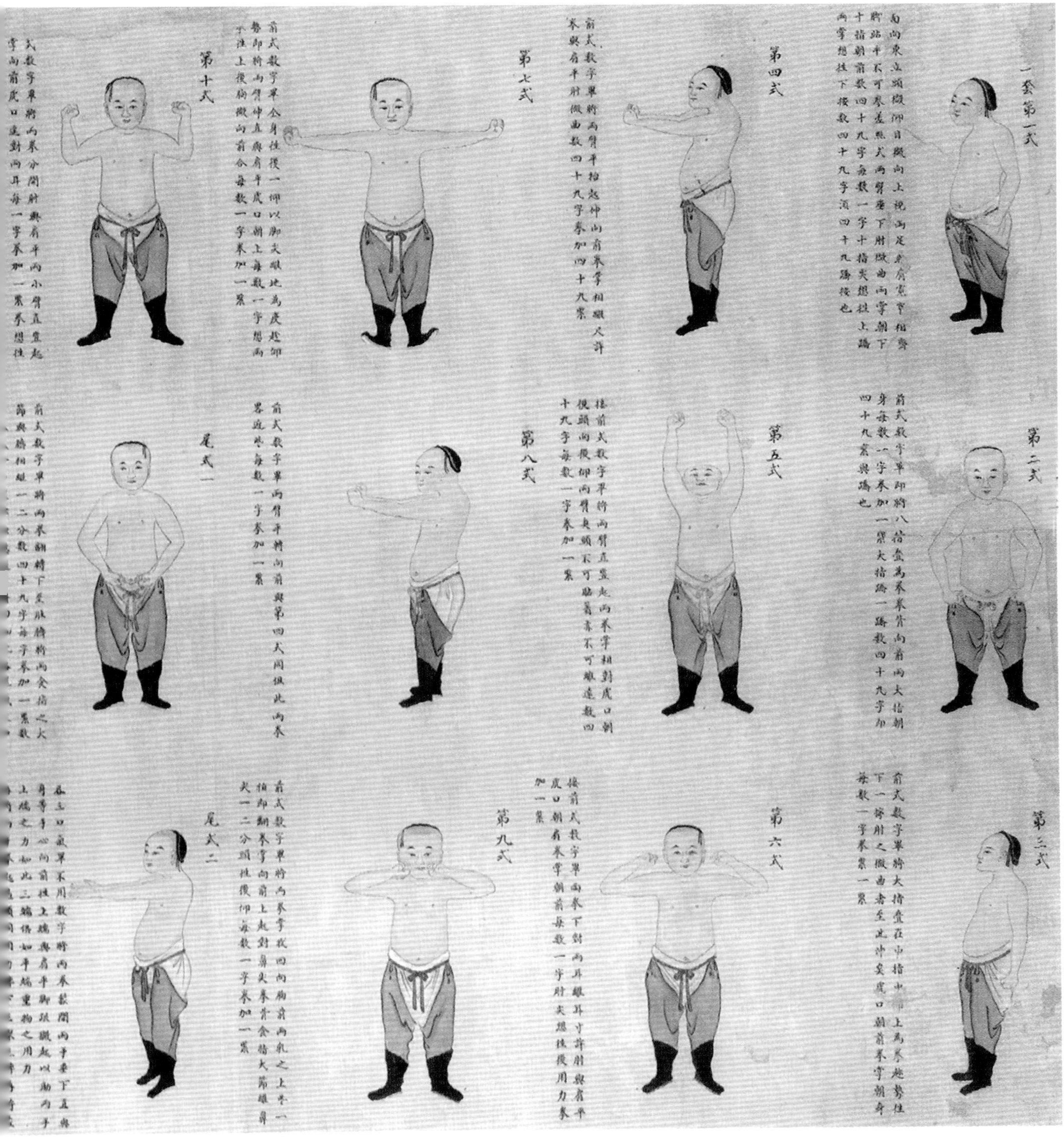
一套第一式
第二式
第三式
第四式
第五式
第六式
第七式
第八式
第九式
第十式
尾式一
尾式二

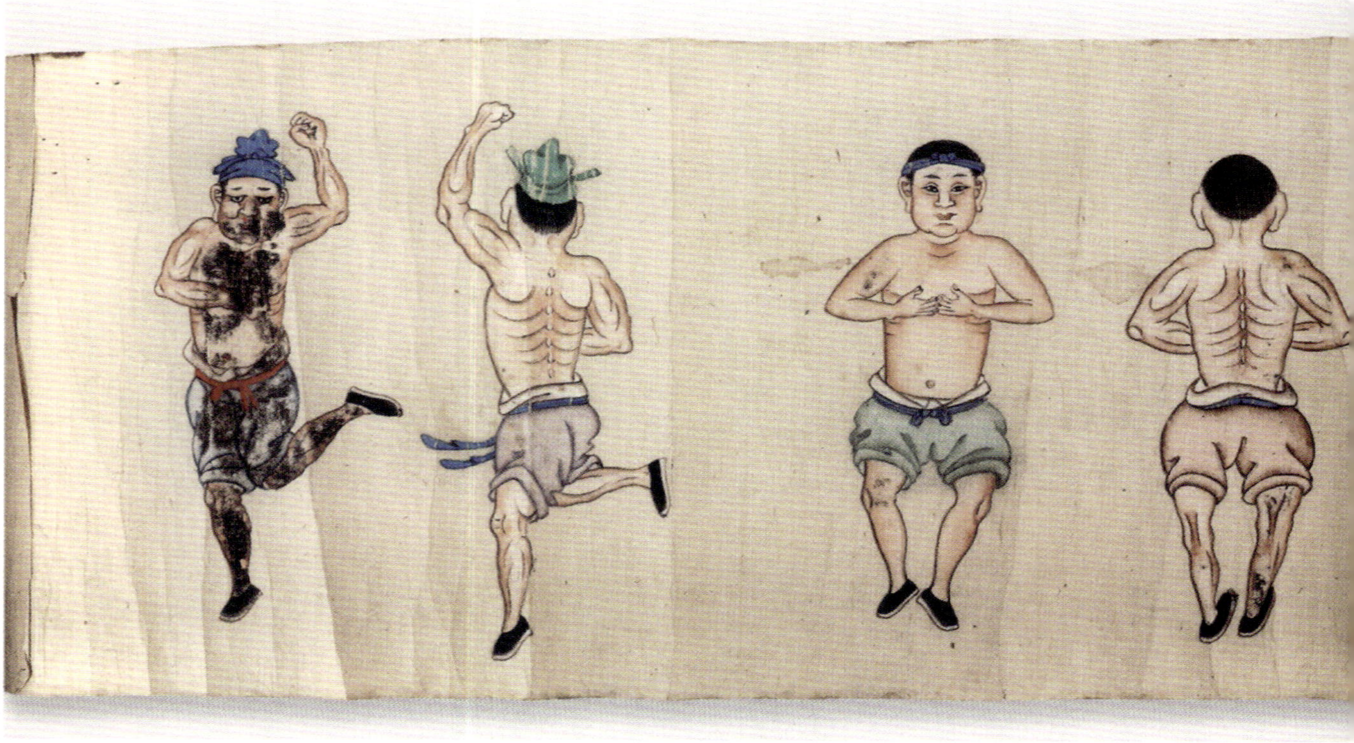

图 7-7　清代版《武术内功》之二（为一关于武术内功练习的绘图长卷，原图长 222 厘米，宽 20 厘米，中国武术研究院藏）

图 7-8　清代版《武术内功》之三（为一关于武术内功练习的绘图长卷，原图长 222 厘米，宽 20 厘米，中国武术研究院藏）

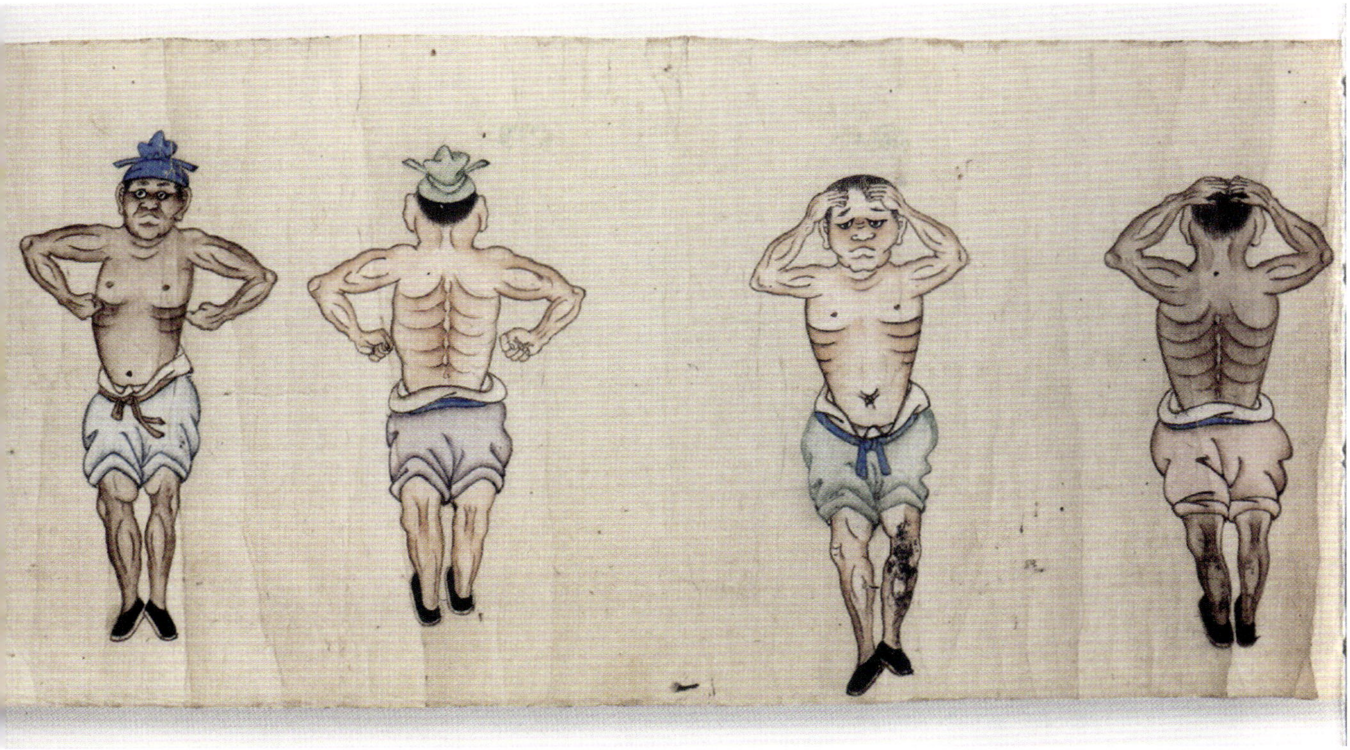

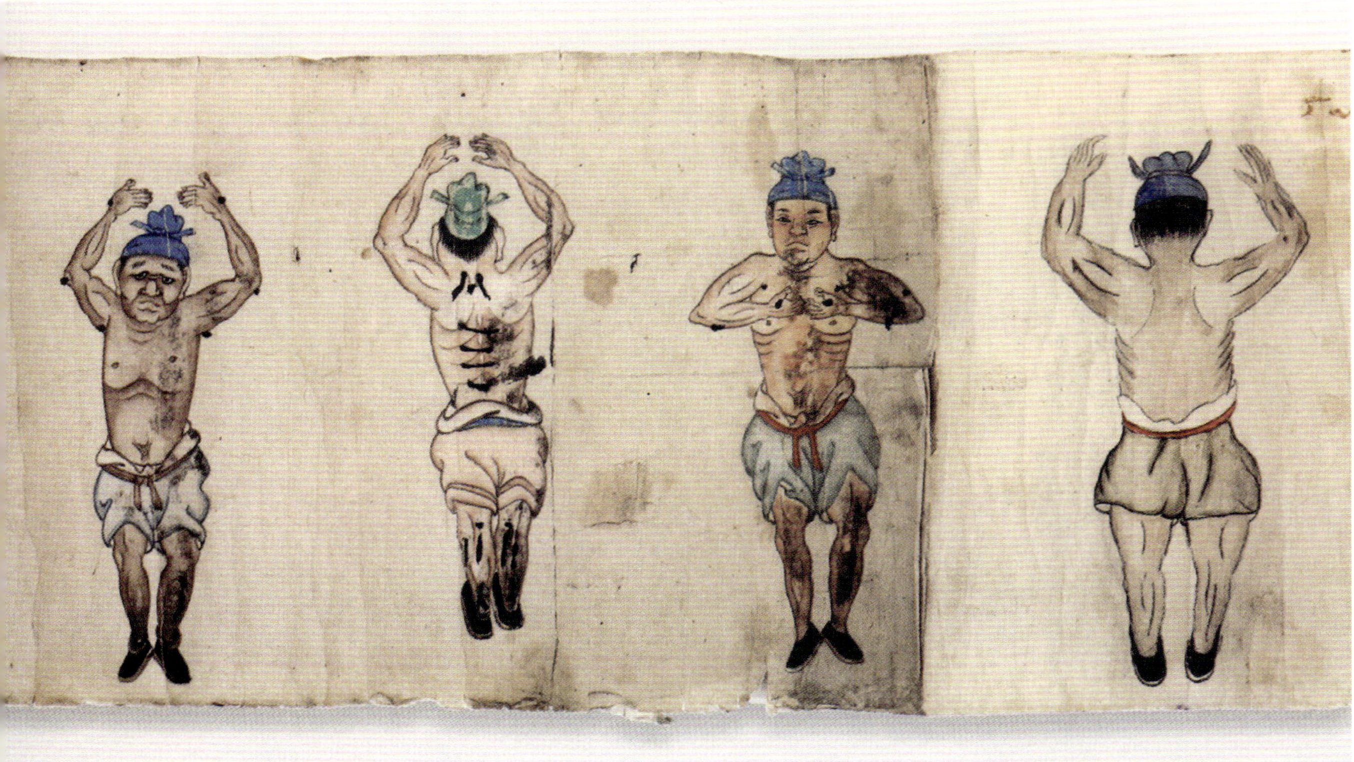

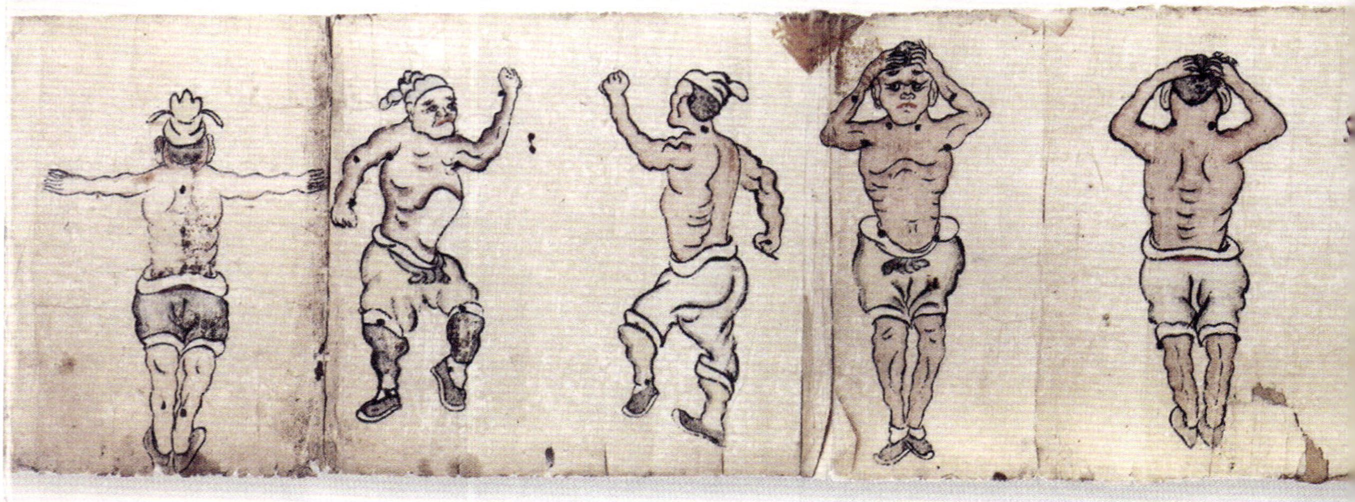

图 7-9 清代版《武术内功》之四（为一关于武术内功练习的绘图长卷，原图长 222 厘米，宽 20 厘米，中国武术研究院藏）

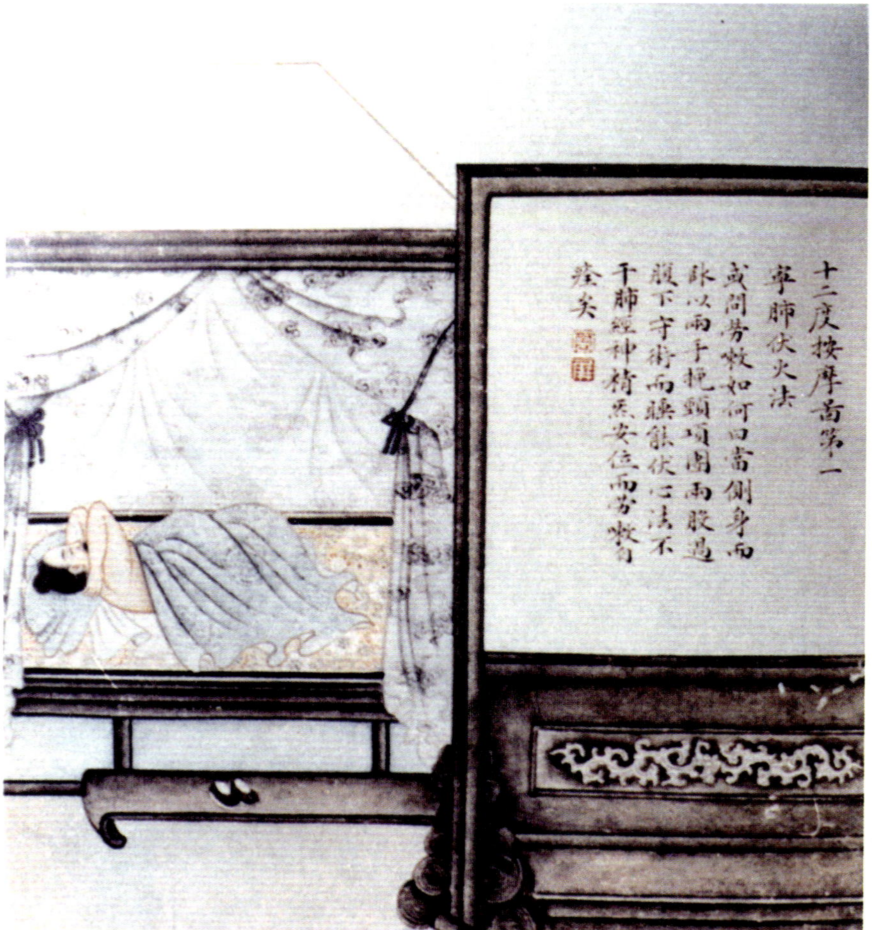

图 7-10 清代佚名绘《十二度按摩导引养生秘法》之宁肺伏火法第一（中国医史博物馆藏）

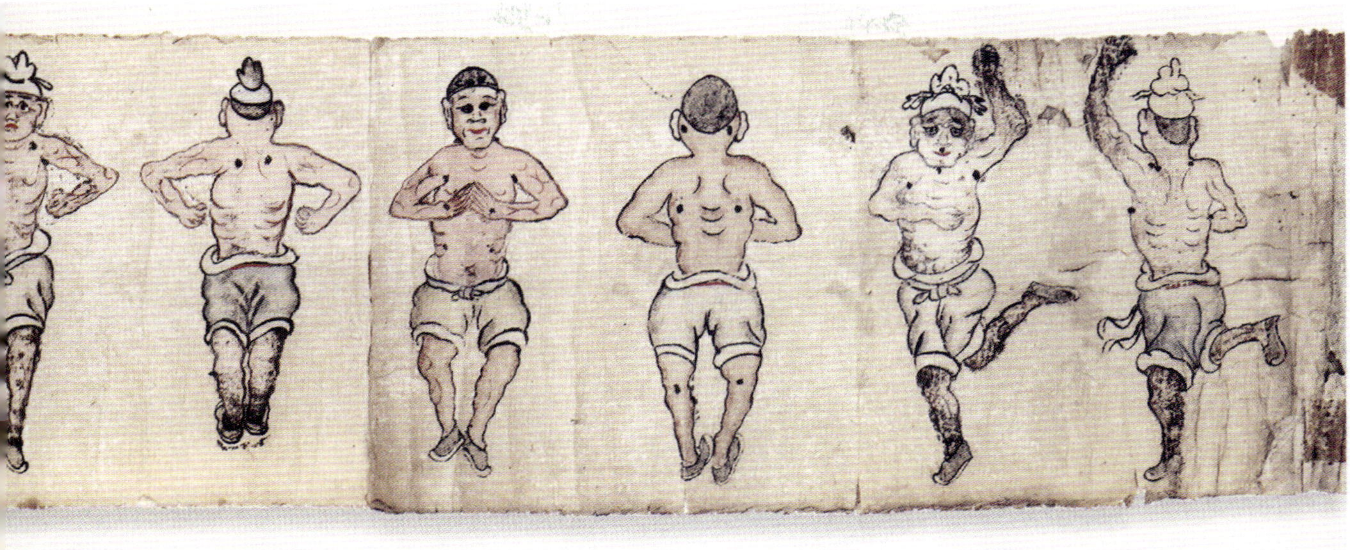

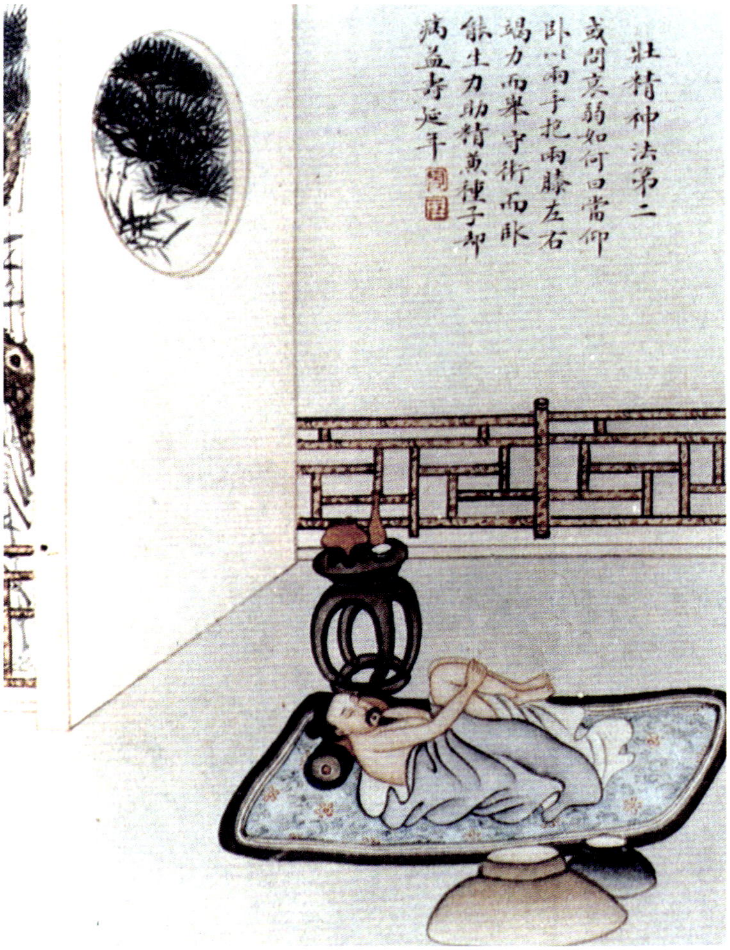

图7-11　清代佚名绘《十二度按摩导引养生秘法》之壮精神法第二(中国医史博物馆藏)

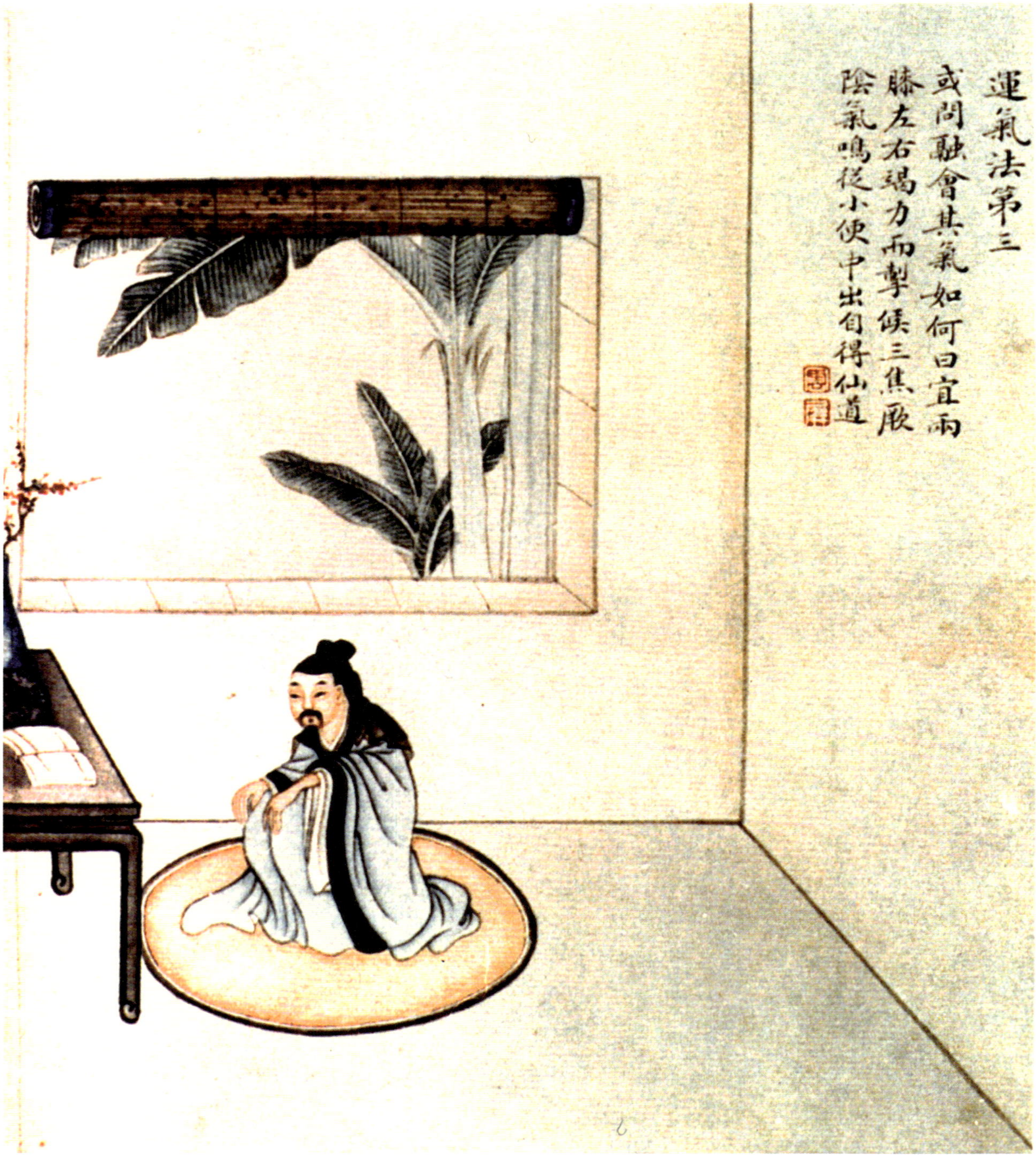
運氣法第三
或問融會其氣如何曰宜兩
膝左右竭力而掣候三焦厥
陰氣鳴從小便中出自得仙道

图 7-12　清代佚名绘《十二度按摩导引养生秘法》之运气法第三（中国医史博物馆藏）

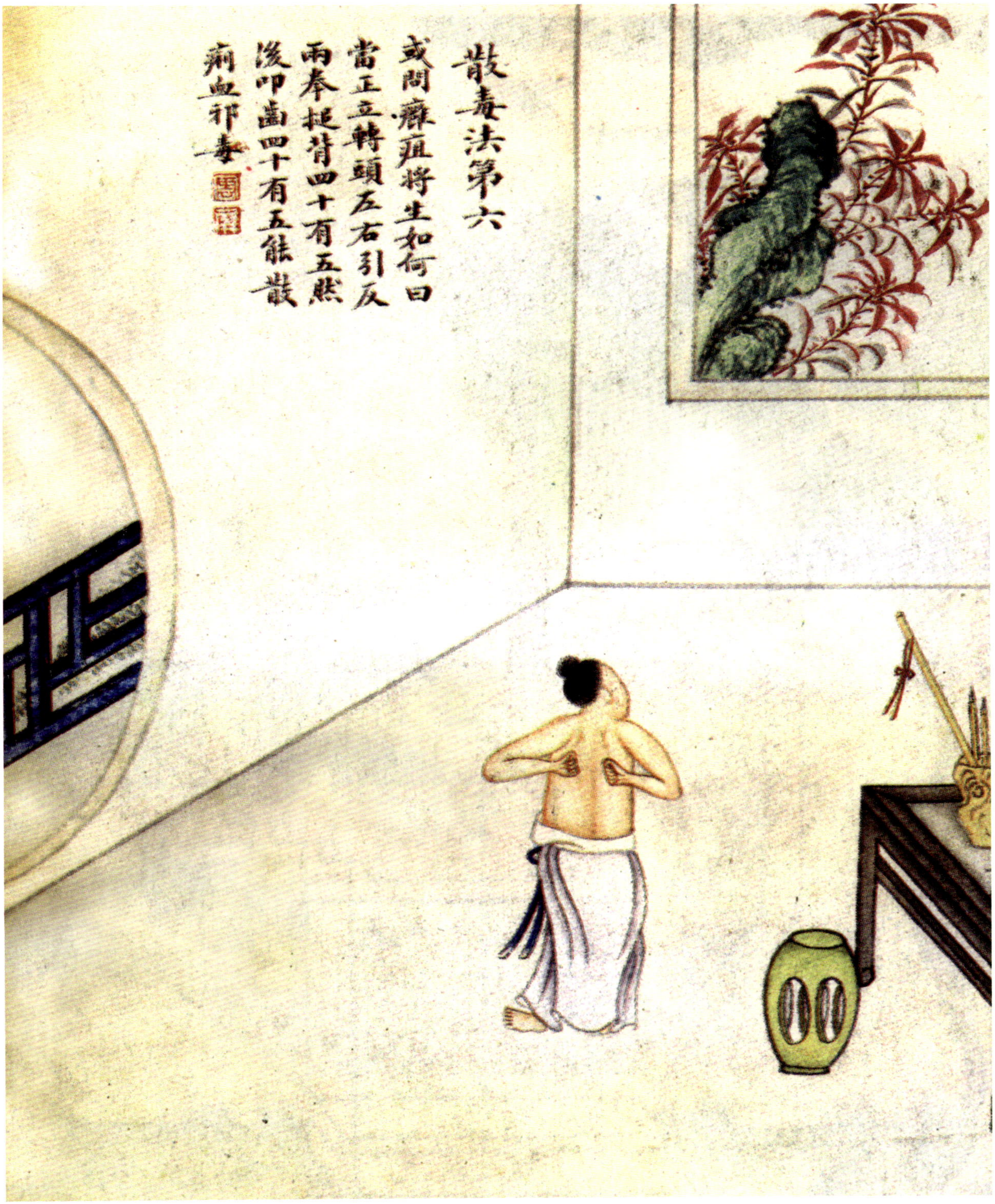

图 7-13　清代佚名绘《十二度按摩导引养生秘法》之散毒法第六（中国医史博物馆藏）

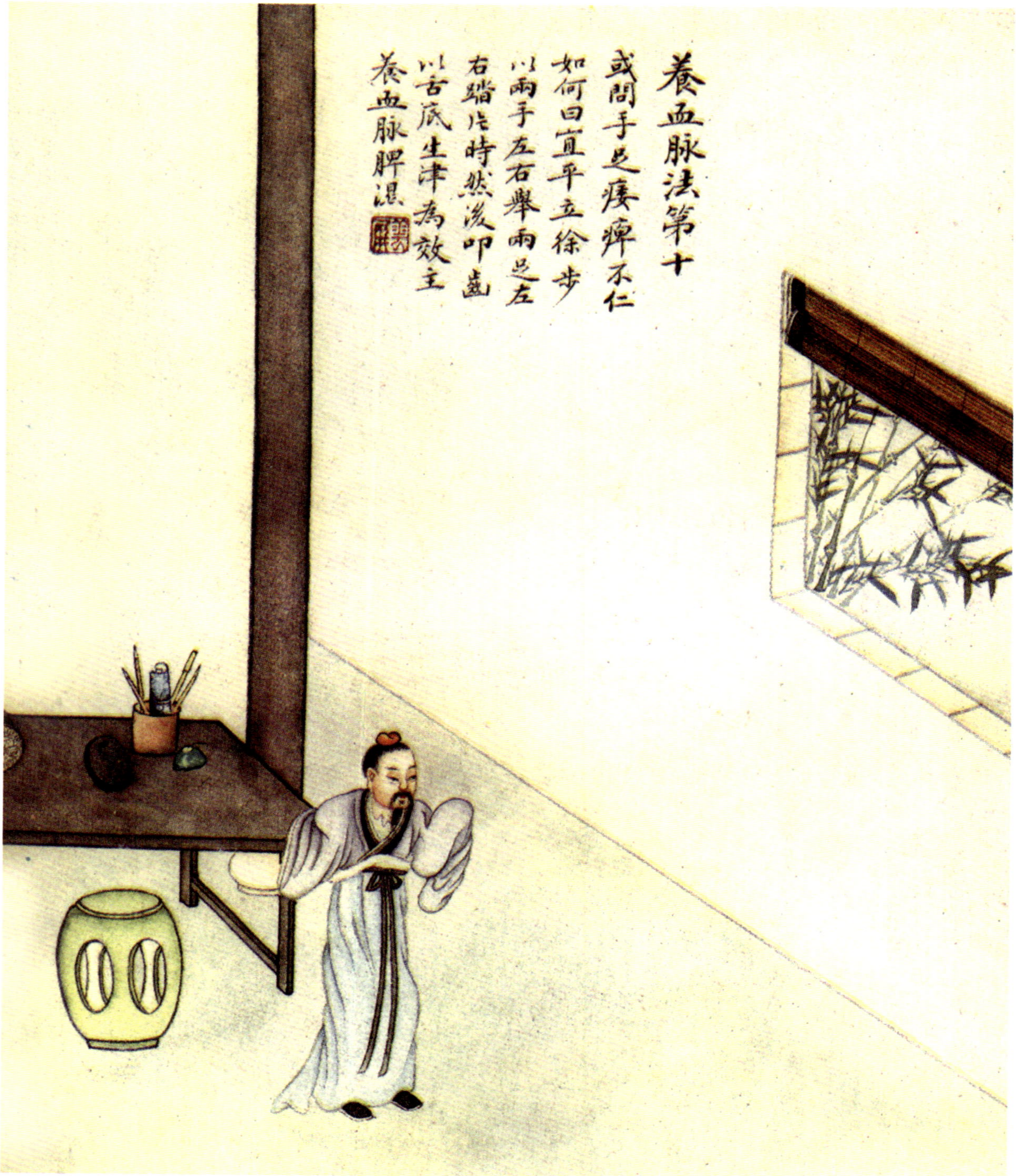
養血脈法第十
或問手足痿痺不仁
如何曰宜平立徐步
以兩手左右舉兩足左
右踏片時然後叩齒
以舌底生津為效主
養血脈脾濕

图 7-14　清代佚名绘《十二度按摩导引养生秘法》之养血脉法第十（中国医史博物馆藏）

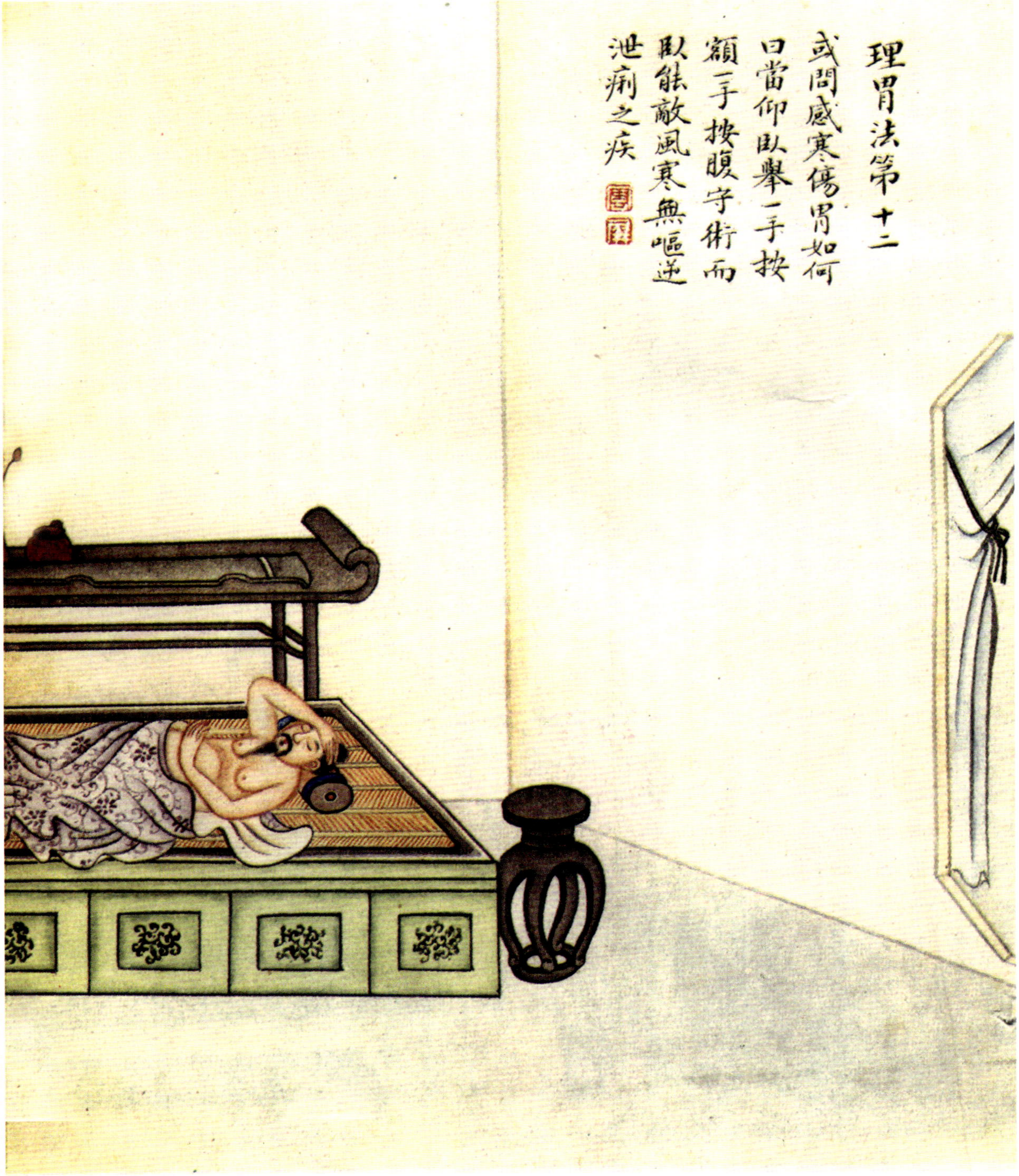
理胃法第十二
或問感寒傷胃如何
曰當仰臥舉一手按
額一手按腹守術而
臥能敵風寒無嘔逆
泄痢之疾

图 7-15　清代佚名绘《十二度按摩导引养生秘法》之理胃法第十二（中国医史博物馆藏）

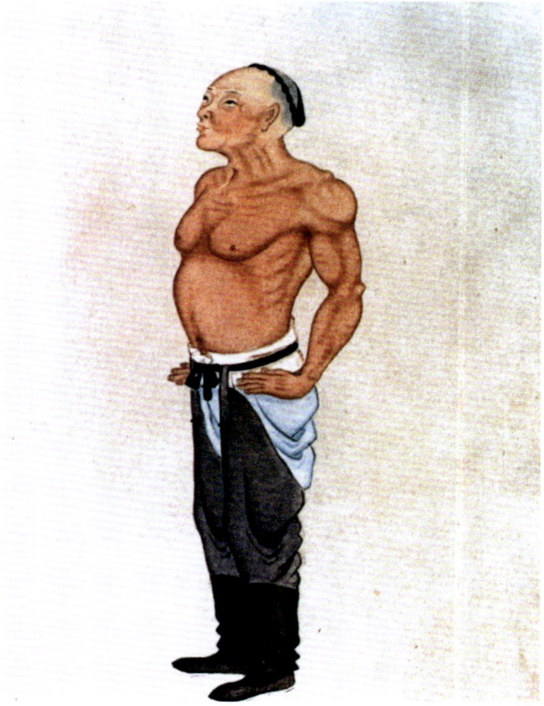

图 7–16 清代佚名绘《调气炼外丹图式》第一套第一式（中国医史博物馆藏）

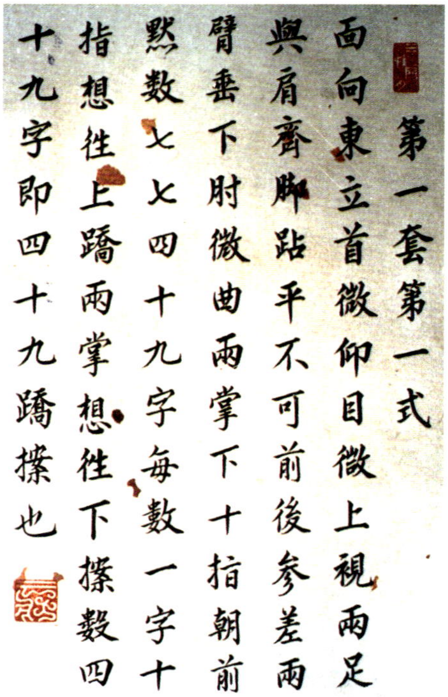

第一套第一式
面向東立首微仰目微上視兩足與肩齊脚跕平不可前後參差兩臂垂下肘微曲兩掌下十指朝前默數七七四十九字每數一字十指想往上蹻兩掌想往下揲數四十九字即四十九蹻揲也

图 7–17 清代佚名绘《调气炼外丹图式》第一套第一式文字说明（中国医史博物馆藏）

图 7–18 清代佚名绘《调气炼外丹图式》第一套第二式（中国医史博物馆藏）

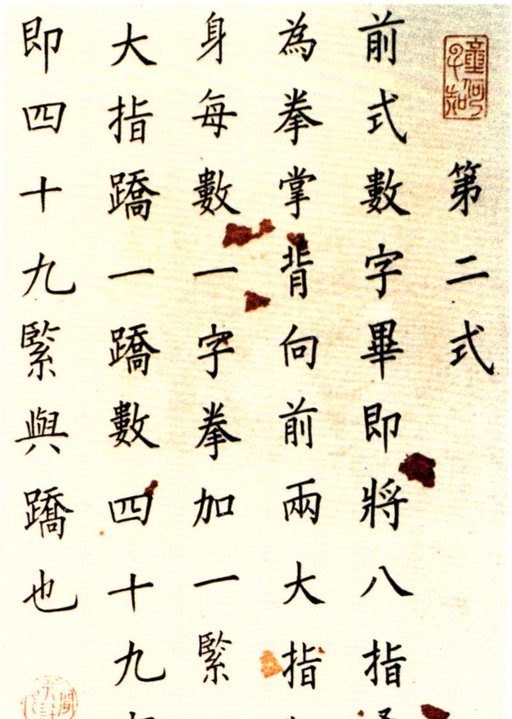

第二式
前式數字畢即將八指疊為拳掌背向前兩大指朝身每數一字拳加一緊兩大指蹻一蹻數四十九字即四十九緊與蹻也

图 7–19 清代佚名绘《调气炼外丹图式》第一套第二式文字说明（中国医史博物馆藏）

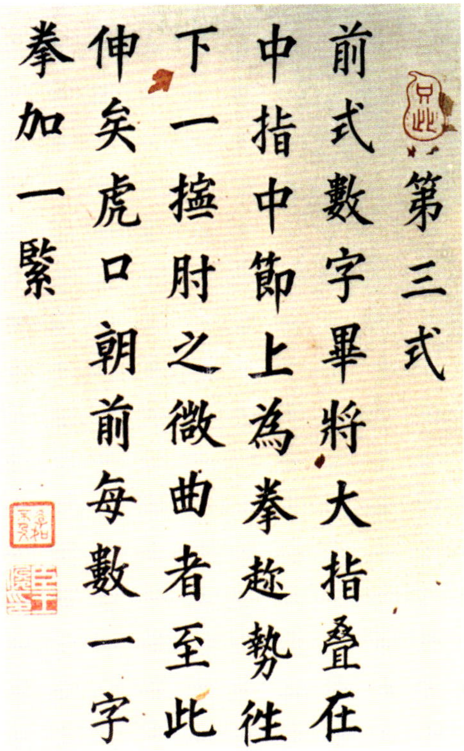
第三式
前式數字畢將大指疊在
中指中節上為拳趁勢往
下一搖肘之微曲者至此
伸矣虎口朝前每數一字
拳加一緊

图 7-20　清代佚名绘《调气炼外丹图式》第一套第三式文字说明（中国医史博物馆藏）

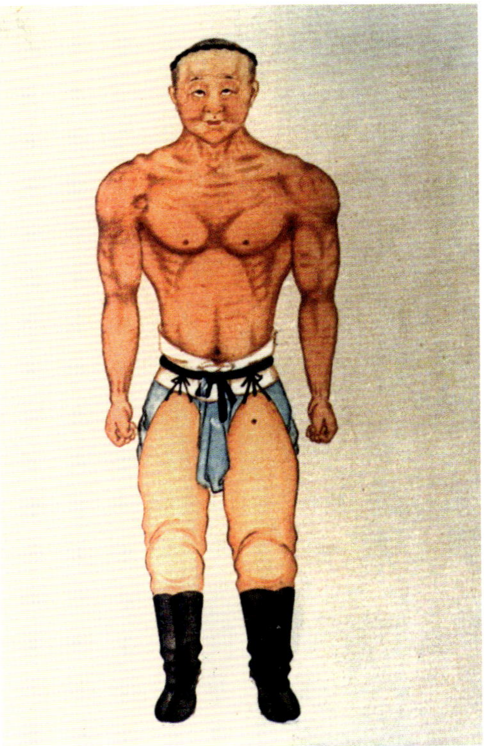

图 7-21　清代佚名绘《调气炼外丹图式》第一套第三式（中国医史博物馆藏）

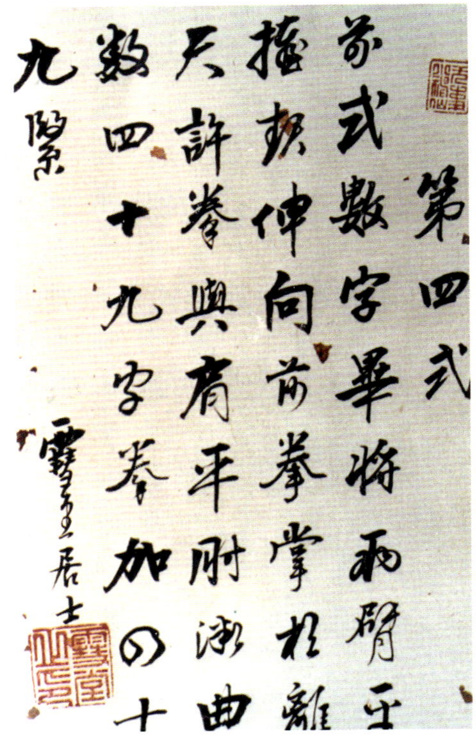
第四式
前式數字畢將兩臂平
搖擺伸向前拳掌相離
只許拳與肩平肘微曲
數四十九字拳加四十
九緊

图 7-22　清代佚名绘《调气炼外丹图式》第一套第四式文字说明（中国医史博物馆藏）

图 7-23　清代佚名绘《调气炼外丹图式》第一套第四式（中国医史博物馆藏）

图 7-24 清代佚名绘《调气炼外丹图式》第一套第五式（中国医史博物馆藏）

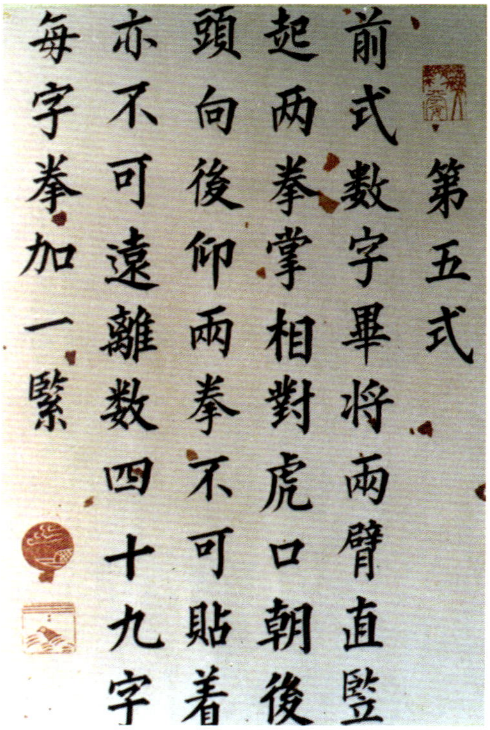

第五式
前式数字畢将兩臂直豎
起兩拳掌相對虎口朝後
頭向後仰兩拳不可貼着
亦不可遠離数四十九字
每字拳加一緊

图 7-25 清代佚名绘《调气炼外丹图式》第一套第五式文字说明（中国医史博物馆藏）

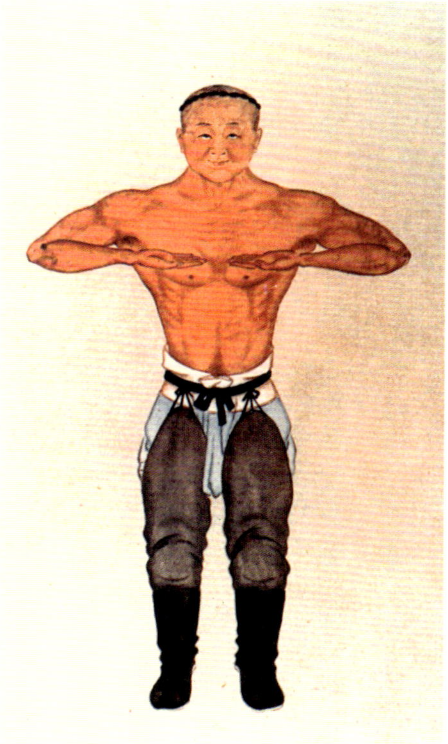

图 7-26 清代佚名绘《调气炼外丹图式》第二套第一式（中国医史博物馆藏）

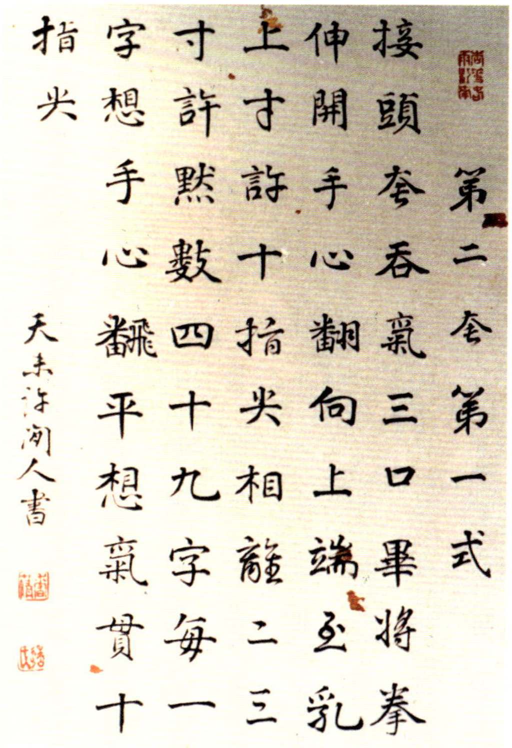

第二套第一式
接頭吞吞氣三口畢将拳
伸開手心翻向上端至乳
上寸許十指尖相離二三
寸許默數四十九字每一
字想手心飜平想氣貫十
指尖
天未許閑人書

图 7-27 清代佚名绘《调气炼外丹图式》第二套第一式文字说明（中国医史博物馆藏）

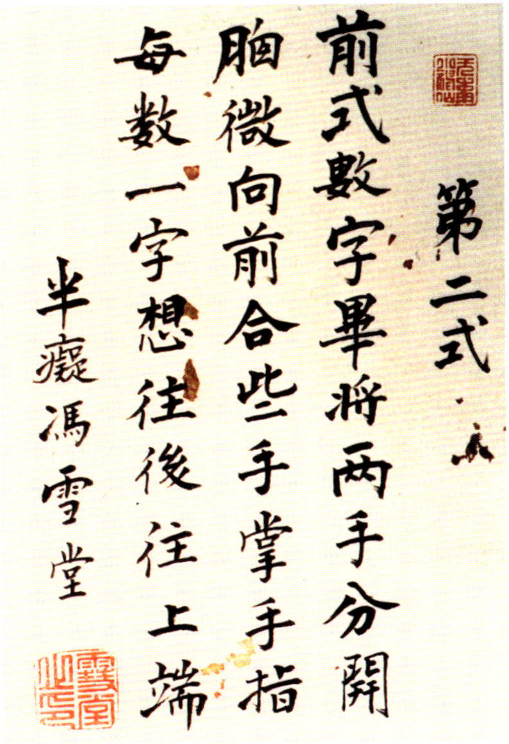
第二式
前式數字畢將兩手分開
胸微向前合些手掌手指
每數一字想往後往上端
半癡馮雪堂

图 7-28　清代佚名绘《调气炼外丹图式》第二套第二式文字说明（中国医史博物馆藏）

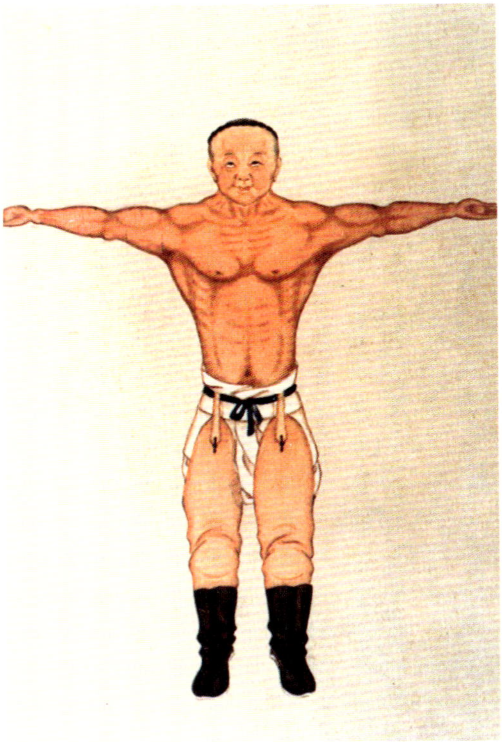

图 7-29　清代佚名绘《调气炼外丹图式》第二套第二式（中国医史博物馆藏）

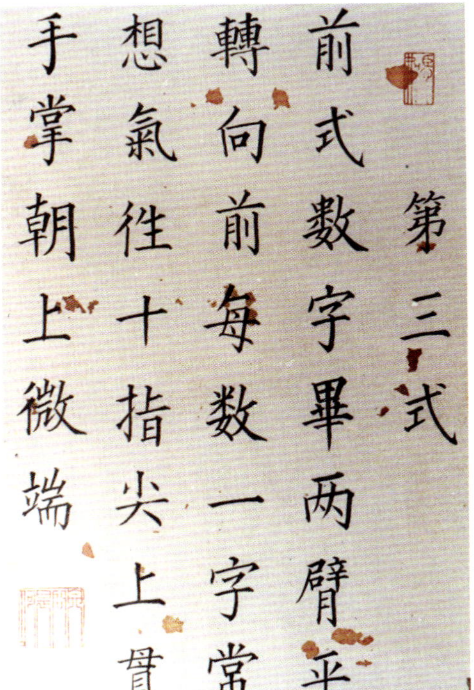
第三式
前式数字畢兩臂平
轉向前每数一字常
想氣往十指尖上貫
手掌朝上微端

图 7-30　清代佚名绘《调气炼外丹图式》第二套第三式文字说明（中国医史博物馆藏）

图 7-31　清代佚名绘《调气炼外丹图式》第二套第三式（中国医史博物馆藏）

图 7–32　清代佚名绘《调气炼外丹图式》第二套第四式（中国医史博物馆藏）

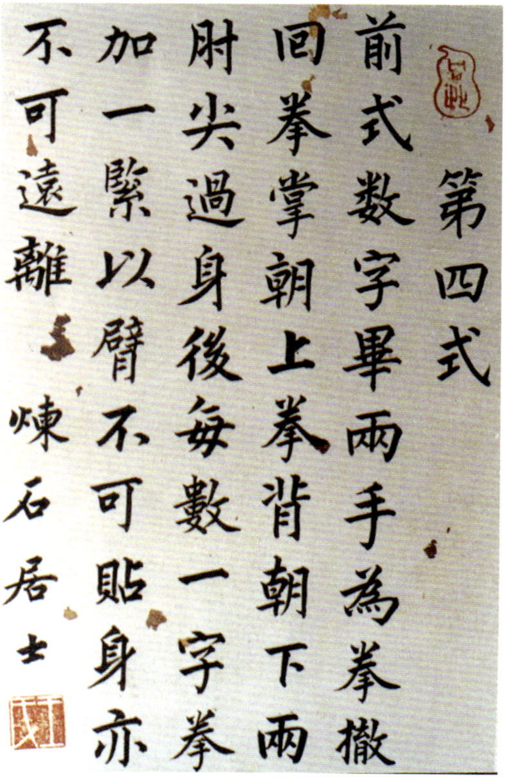

第四式
前式数字畢兩手為拳撤
回拳掌朝上拳背朝下兩
肘尖過身後每數一字拳
加一緊以臂不可貼身亦
不可遠離
煉石居士

图 7–33　清代佚名绘《调气炼外丹图式》第二套第四式文字说明（中国医史博物馆藏）

图 7–34　清代佚名绘《调气炼外丹图式》第二套第五式（中国医史博物馆藏）

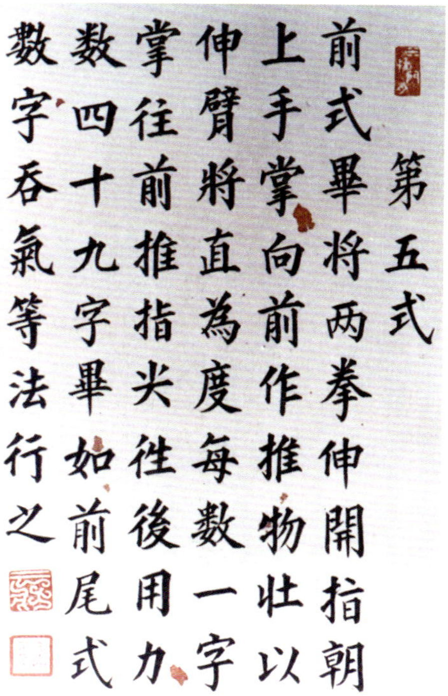

第五式
前式畢将兩拳伸開指朝
上手掌向前作推物壮以
伸臂将直為度每數一字
掌往前推指尖往後用力
數四十九字畢如前尾式
數字吞氣等法行之

图 7–35　清代佚名绘《调气炼外丹图式》第二套第五式文字说明（中国医史博物馆藏）

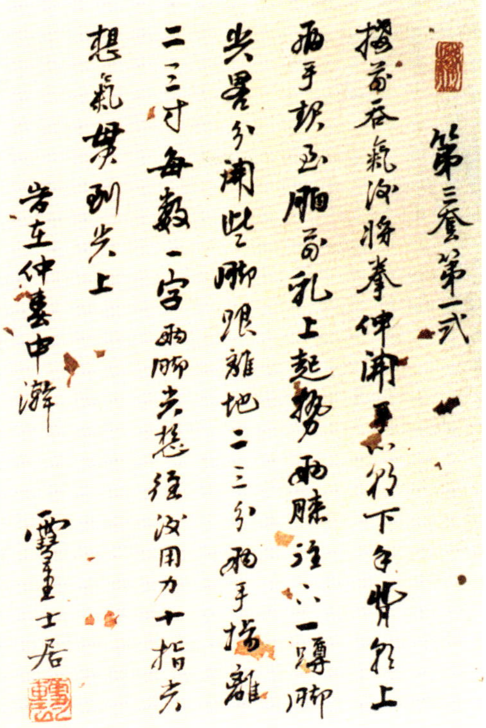

第三套第一式
擺首吞氣後將拳伸開[illegible]仍下至[illegible]上
兩手掇至胸前乳上起勢兩膝往下一蹲腳
尖略分開些腳跟離地二三分兩手指離
二三寸每數一字兩腳尖懸往後用力十指尖
想氣貫到尖上
右左仲基中澣
[illegible]士居

图 7-36 清代佚名绘《调气炼外丹图式》第三套第一式文字说明（中国医史博物馆藏）

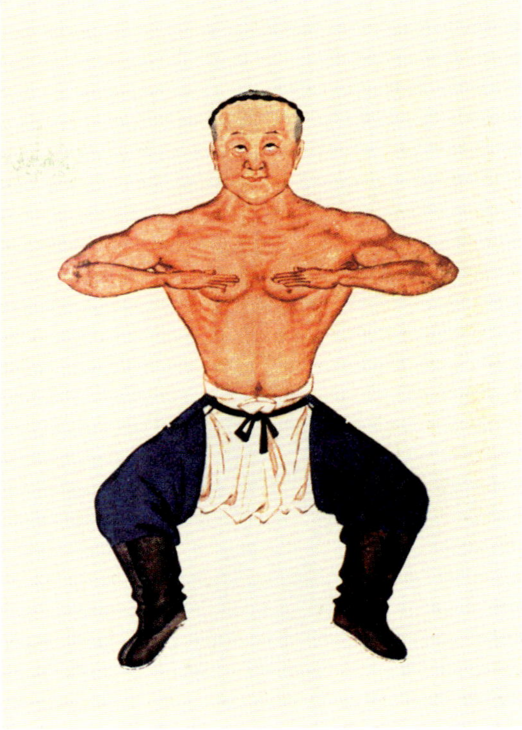

图 7-37 清代佚名绘《调气炼外丹图式》第三套第一式（中国医史博物馆藏）

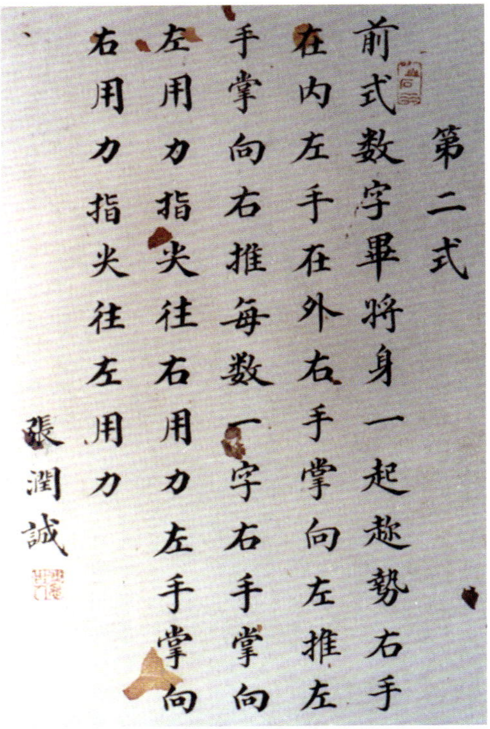

第二式
前式数字畢将身一起趁势右手
在内左手在外右手掌向左推左
手掌向右推每数一字右手掌向
左用力指尖往右用力左手掌向
右用力指尖往左用力
張潤誠

图 7-38 清代佚名绘《调气炼外丹图式》第三套第二式文字说明（中国医史博物馆藏）

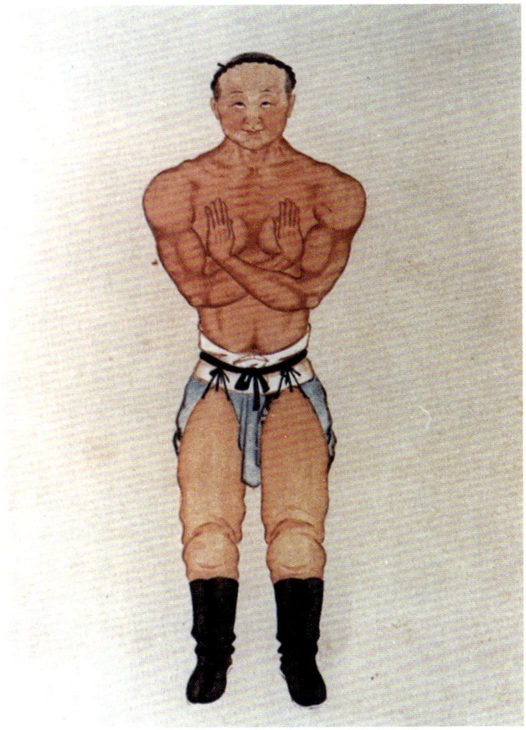

图 7-39 清代佚名绘《调气炼外丹图式》第三套第二式（中国医史博物馆藏）

图 7-40　清代佚名绘《调气炼外丹图式》第三套第三式（中国医史博物馆藏）

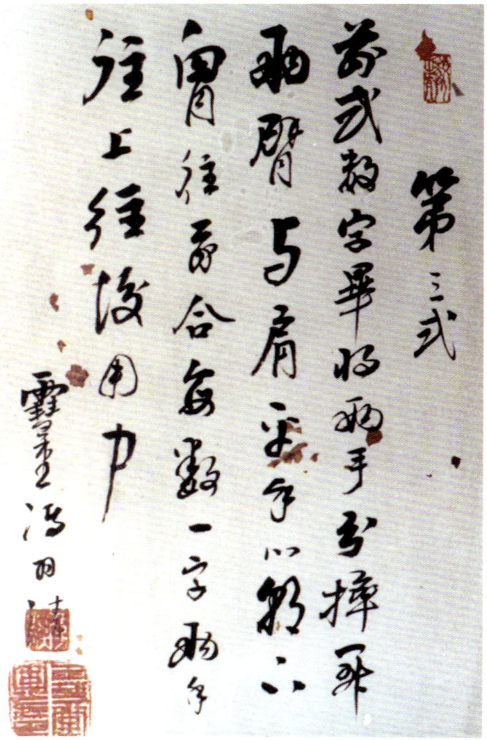

图 7-41　清代佚名绘《调气炼外丹图式》第三套第三式文字说明（中国医史博物馆藏）

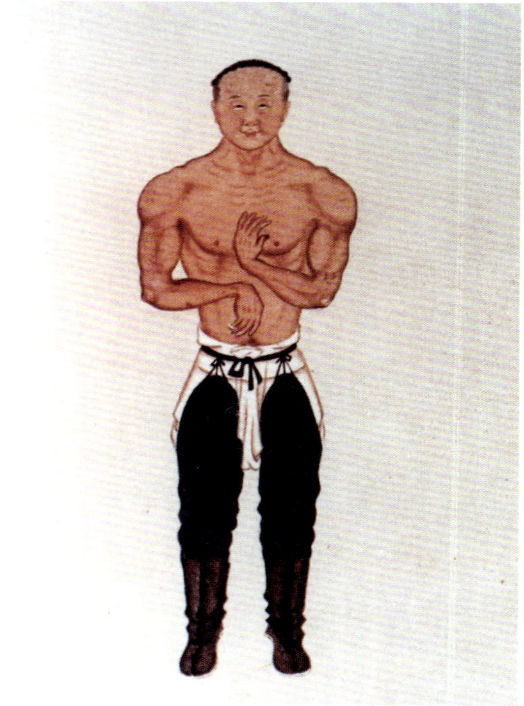

图 7-42　清代佚名绘《调气炼外丹图式》第三套第四式（中国医史博物馆藏）

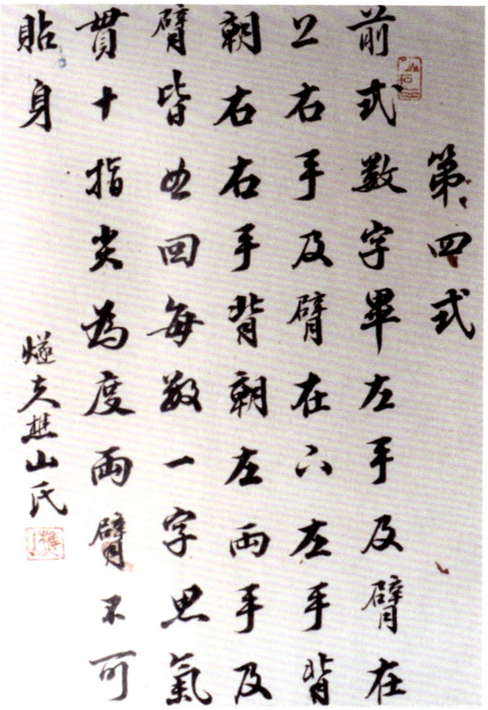

图 7-43　清代佚名绘《调气炼外丹图式》第三套第四式文字说明（中国医史博物馆藏）

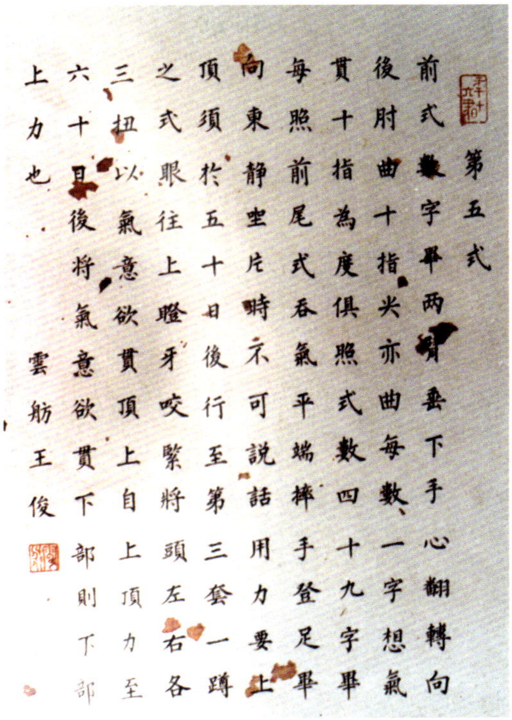
第五式
前式數字畢兩臂垂下手心翻轉向
後肘曲十指尖亦曲每數、一字想氣
貫十指為度俱照式數四十九字畢
每照前尾式吞氣平端捧手登足畢
向東靜坐片時不可説話用力要上
頂須於五十日後行至第三套一蹲
之式眼往上瞪牙咬緊将頭左右各
三扭以氣意欲貫頂上自上頂力至
六十日後将氣意欲貫下部則下部
上力也
雲舫王俊

图 7-44　清代佚名绘《调气炼外丹图式》第三套第五式文字说明（中国医史博物馆藏）

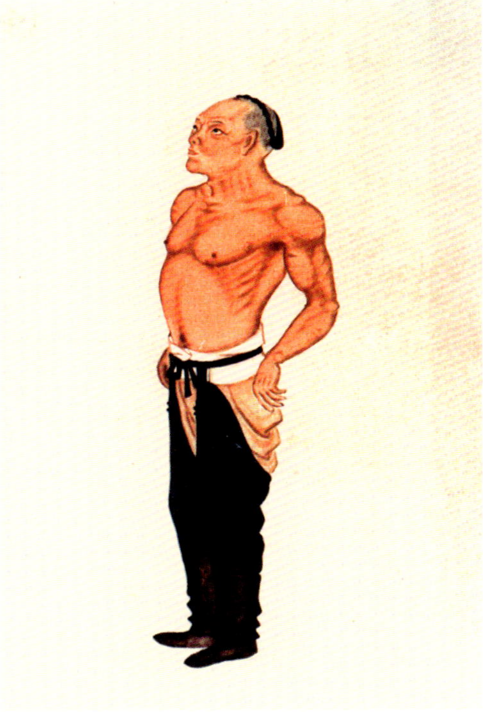

图 7-45　清代佚名绘《调气炼外丹图式》第三套第五式（中国医史博物馆藏）

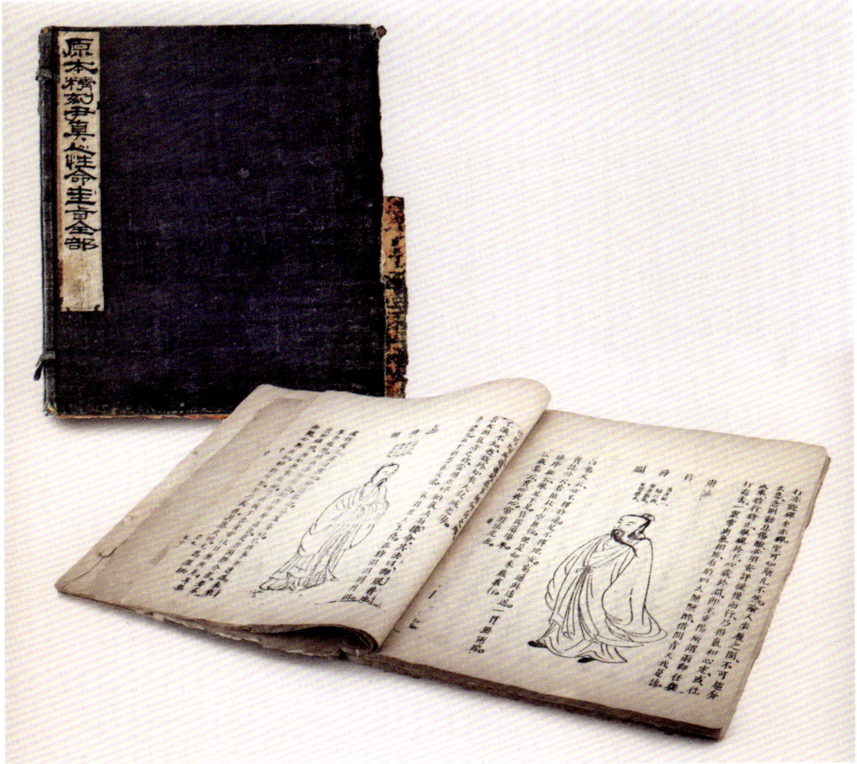

图 7-46　清代木刻板《性命圭旨》（长 25 厘米，宽 30.5 厘米，中国武术研究院藏）

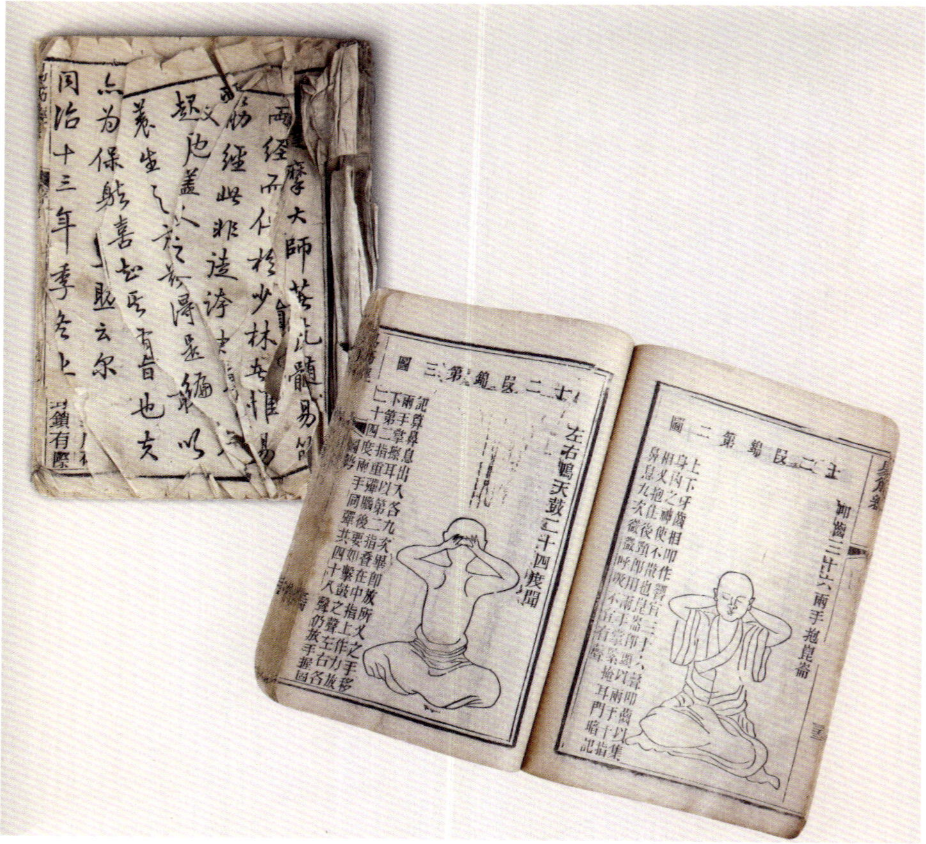

图 7-47　清代同治年木刻版《易筋经》(长 11 厘米，宽 18.5 厘米，中国武术研究院藏)

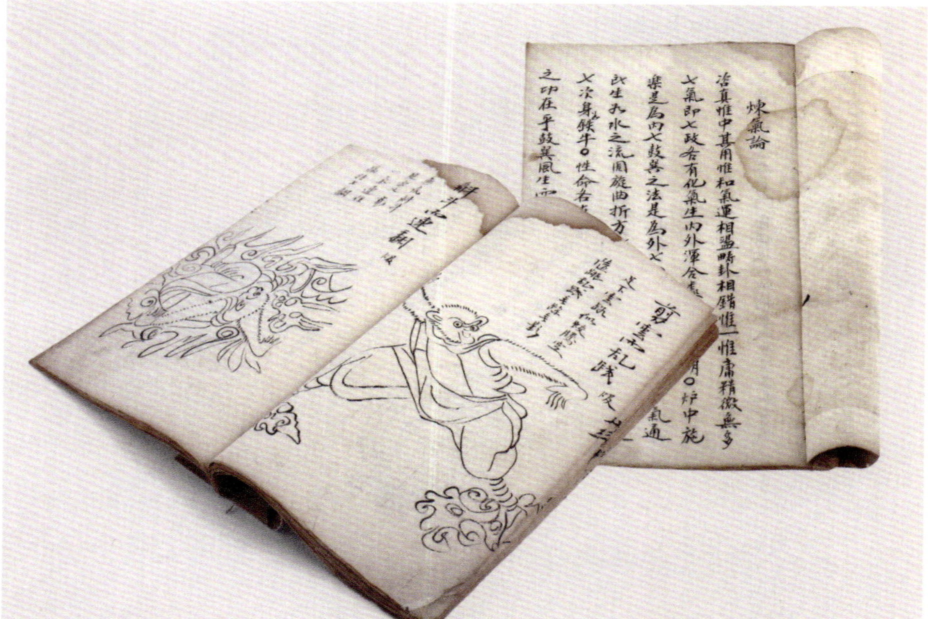

图 7-48　清代宣统三年（1911 年）手抄本《练气论》（长 13.5 厘米，宽 17 厘米，中国武术研究院藏）

第八章 水上运动

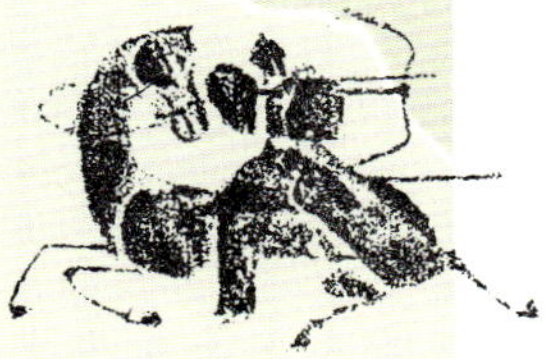

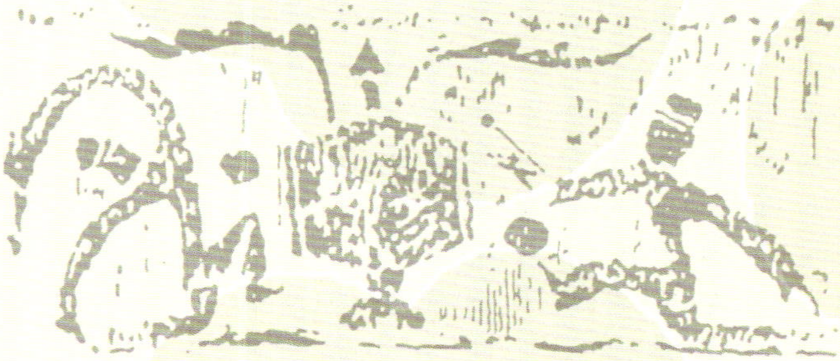

古代的水上运动，主要包括游泳、跳水、潜水等游水项目和龙舟竞渡等水上运动形式。它源于原始人类的渔猎生产实践活动。在古代华北地区，随着历史的发展，由于军事上的需要，水上运动的技术水平得到了进一步提高。水上运动与民间节日活动的紧密结合，又促使水上运动的形式不断丰富起来，成为一类具有民族特色的传统体育运动项目。

一、游水项目

图 8-1-1　元代佚名绘《龙舟夺标图》卷局部之水秋千（故宫博物院藏）

图 8-1-2　清代袁江绘《观潮图》（故宫博物院藏）

图 8-1-3　清代佚名绘《云南猓罗图说》之戏水（故宫博物院藏）

图 8-1-4　清代钱慧安绘《百子图》册之戏水（绢本设色，纵 28 厘米，横 25 厘米，天津博物馆藏）

二、龙舟竞渡

图 8-2-1　战国宴乐渔猎攻战纹铜壶局部纹饰展开图（故宫博物院藏）

图 8-2-2　东晋顾恺之绘《洛神赋图》卷局部（图纵 27.1 厘米，横 572.8 厘米，故宫博物院藏）

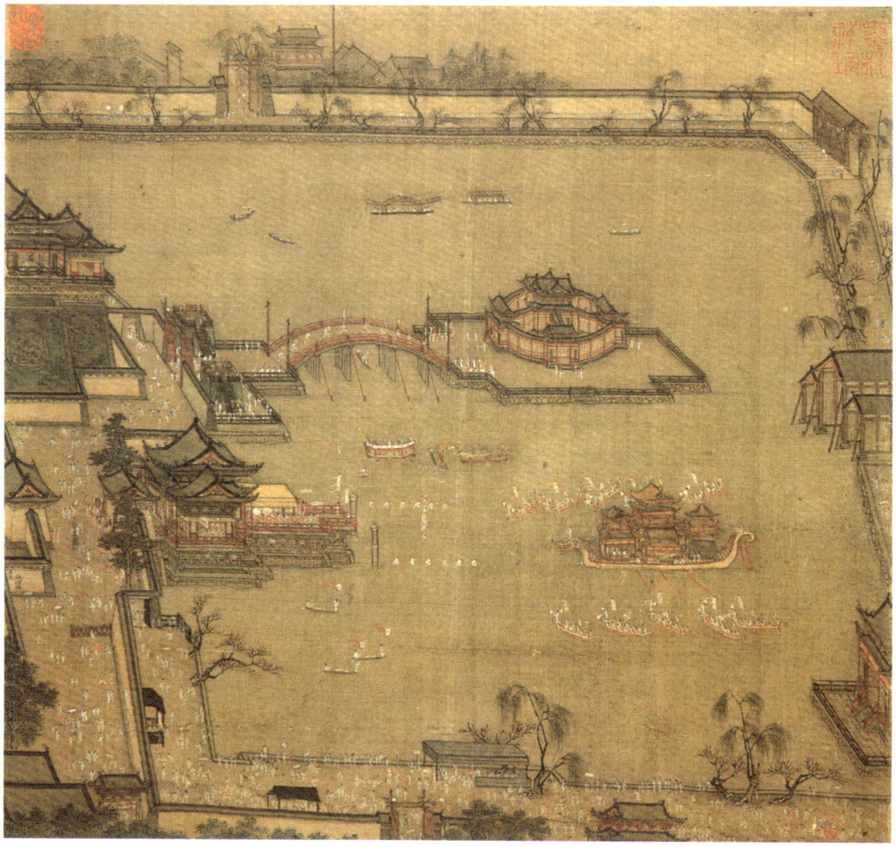

图 8-2-3 宋代张择端绘《金明池争标图》页（绢本设色，纵 28.5 厘米，横 28.6 厘米，天津博物馆藏）

图 8-2-4 元代佚名绘《龙舟夺标图》卷（故宫博物院藏）

图 8-2-5　元代王振鹏绘《龙池竞渡》页（故宫博物院藏）

图 8-2-6　元代吴廷晖绘《龙舟夺标图》（故宫博物院藏）

图 8-2-7　明代无款《龙舟图》页（绢本设色，纵 30 厘米，横 30 厘米，天津博物馆藏）

图 8-2-8 明代剔彩龙舟图荷叶式盘（故宫博物院藏）

图 8-2-9 清代罗福旼绘《清明上河图》卷（纵 12.5 厘米，横 332.2 厘米，故宫博物院藏）

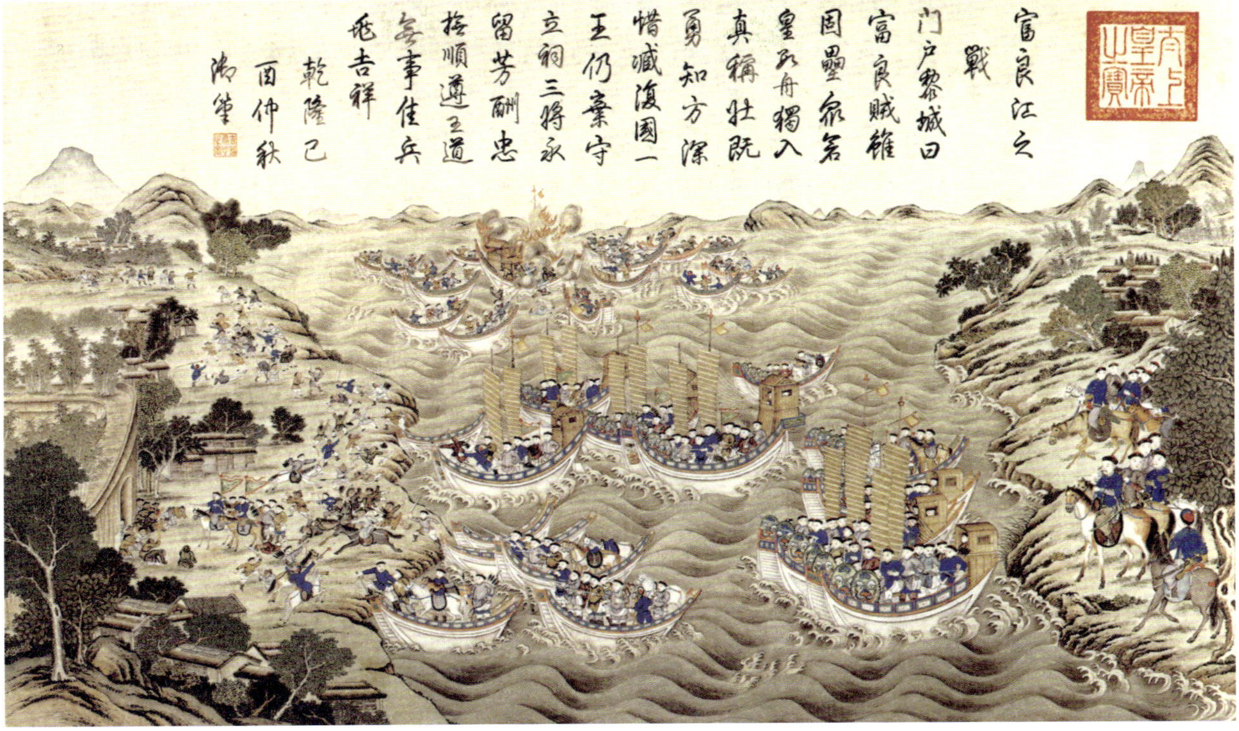

图 8-2-10　清代宫廷画家绘《平定安南战图册·富良江之战》（故宫博物院藏）

图 8-2-11　明代张宏绘《竞渡图》（首都博物馆藏）

图 8-2-12　清代宫廷画家绘《雍正十二月行乐图》轴之《五月竞舟》（故宫博物院藏）

图 8-2-13　清代佚名绘《龙舟盛会图》局部（故宫博物院藏）

图 8-2-14　清代佚名绘《十二月令图》局部（故宫博物院藏）

图 8-2-15　清代徐扬绘《端阳故事图》册之《观竞渡》（故宫博物院藏）

图 8-2-16　清代粉彩雕瓷龙舟（故宫博物院藏）

图 8-2-17　清代剔彩百子晬盘（故宫博物院藏）

图 8-2-18　清代焦秉贞绘《仕女图》册之六 划船（故宫博物院藏）

图 8-2-19　清代冷枚绘《十宫词图》册之三 龙舟（绢本设色，每开纵 33.4，横 29 厘米，故宫博物院藏）

图 8-2-20 清道光粉彩百子戏龙舟图瓶（高 27 厘米，口径 7.7 厘米，足径 8 厘米，故宫博物院）

第九章 冰雪运动

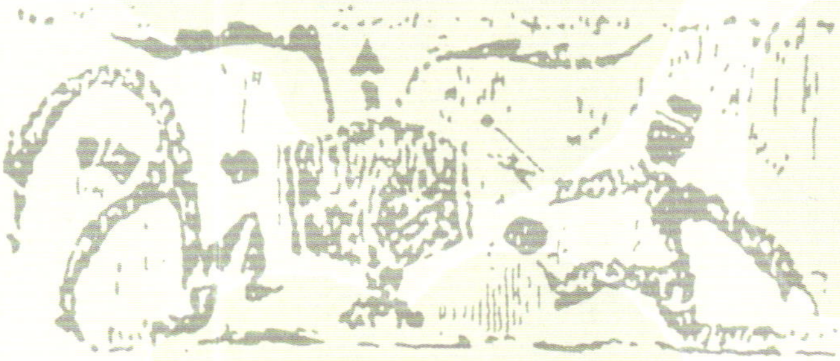

中国古代的冰雪运动，源于寒冷的北部地区。这类运动在古代中国兴起较早，尤其是在严寒的冰雪季节更为丰富多彩。古代华北地区的早期冰雪运动多是与各民族的生产与生活实践紧密结合在一起的，因而在各民族的早期生产与生活活动中，冰雪运动普及和应用较为广泛。随着社会的发展，这类发端于生产与生活实践的冰雪运动技巧，逐渐地演化为具有竞技和娱乐特点的体育运动项目。尤其是到了明清时期，这类冰雪运动更发展成为与后来的速度滑冰、花样滑冰、冰床、冰上射箭以及各种滑雪项目相一致的体育竞技形式，并逐渐发展成为华北地区民族传统体育中较具特色的冰雪运动项目。

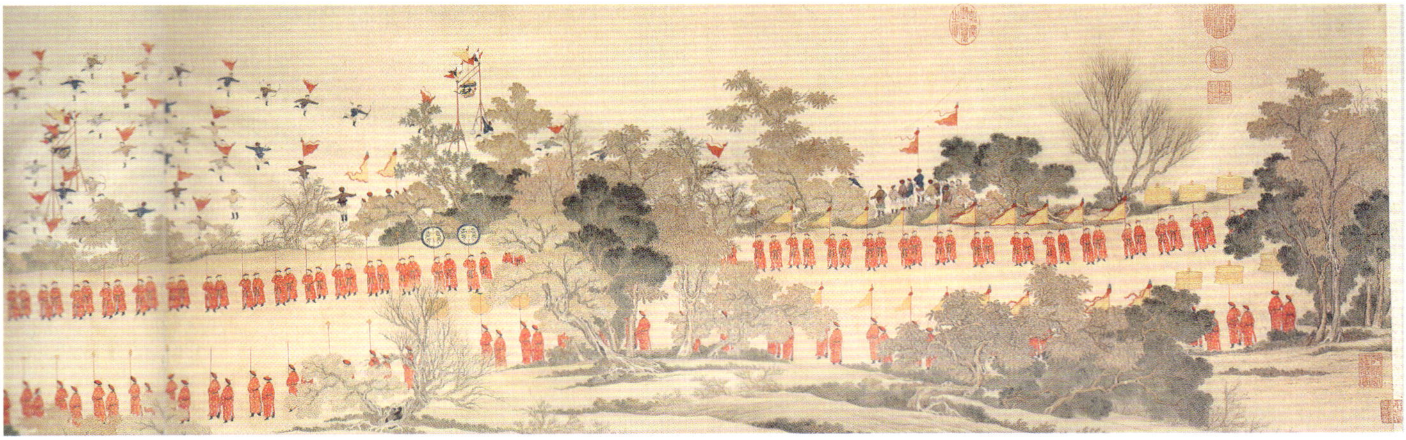

图 9-1　清代姚文瀚绘《紫光阁赐宴图》卷四之一（绢本设色，纵 45.7 厘米，横 486.5 厘米，故宫博物院藏）

图 9–2 清代姚文瀚、张为邦绘《冰嬉图》卷·转龙射球（故宫博物院藏）

图 9-3 清代姚文瀚绘《紫光阁赐宴图》卷四之二（绢本设色，纵 45.7 厘米，横 486.5 厘米，故宫博物院藏）

图 9-4 清代金昆、程志道、福隆安绘《冰嬉图》卷之一（纵 35 厘米，横 578.8 厘米，故宫博物院藏）

图 9–5　清代金昆、程志道、福隆安绘《冰嬉图》卷之二（纵 35 厘米，横 578.8 厘米，故宫博物院藏）

图 9–6　清代金昆、程志道、福隆安绘《冰嬉图》卷之三（纵 35 厘米，横 578.8 厘米，故宫博物院藏）

图 9–7　清代金昆、程志道、福隆安绘《冰嬉图》局部，绢本设色纵 35 厘米，横 578.8 厘米，故宫博物院藏（选自邵文良《中国古代体育文物图集》）

图 9-8 清代金昆、程志道、福隆安绘《冰嬉图》卷局部

图 9-9 清代金昆、程志道、福隆安绘《冰嬉图》卷局部

图 9–10 清代宫中冰嬉活动滑冰兵士所执蓝缎绣“东岳”旗（竖边 152 厘米，底边 185 厘米，斜边 251 厘米，故宫博物院藏）

图 9–11 清代宫中冰嬉活动滑冰兵士所执白缎绣“西岳”旗（竖边 152 厘米，底边 185 厘米，斜边 251 厘米，故宫博物院藏）

图 9–12 清代宫中冰嬉活动滑冰兵士所执红缎绣“南岳”旗（竖边 152 厘米，底边 185 厘米，斜边 251 厘米，故宫博物院藏）

图 9–13 清代宫中冰嬉活动滑冰兵士所执青缎绣“北岳”旗（竖边 152 厘米，底边 185 厘米，斜边 251 厘米，故宫博物院藏）

图 9-14　清代宫中冰嬉活动滑冰兵士所执黄缎绣“中岳”旗（竖边 152 厘米，底边 185 厘米，斜边 251 厘米，故宫博物院藏）

图 9-15　清代宫中冰嬉活动滑冰兵士所执白缎绣云旗（竖边 152 厘米，底边 192 厘米，斜边 251 厘米，故宫博物院藏）

图 9-16　清代宫中冰嬉活动滑冰兵士所执红缎绣云旗（竖边 152 厘米，底边 192 厘米，斜边 251 厘米，故宫博物院藏）

图 9-17　清代宫中冰嬉活动滑冰兵士所执黄缎绣云旗（竖边 152 厘米，底边 192 厘米，斜边 251 厘米，故宫博物院藏）

图 9-19 清代宫中冰嬉活动滑冰兵士所执青缎绣云旗(竖边 152 厘米，底边 192 厘米，斜边 251 厘米，故宫博物院藏)

图 9-18 清代宫中冰嬉活动滑冰兵士所执蓝缎绣云旗(竖边 152 厘米，底边 192 厘米，斜边 251 厘米，故宫博物院藏)

图 9-20 清代宫廷画家绘《崇庆皇太后圣寿庆典图》卷之溜冰床、冰车等(故宫博物院藏)

图 9-21　清代晚期冰鞋（长 41.8 厘米，故宫博物院藏）

图 9-22 清代佚名绘《雍正十二月行乐图》轴中的冰嬉场面（故宫博物院藏）

图 9-23　清代拖床冰嬉图（选自《北京风俗图谱》）

图 9-24　清代拉冰床风俗图（选自北京图书馆藏清代民间艺人画稿《北京民间风俗百图》）

图 9-25　清代丁观鹏等绘《皇清职贡图卷》之赫哲族人滑冰床（故宫博物院藏）

第十章 百戏技巧

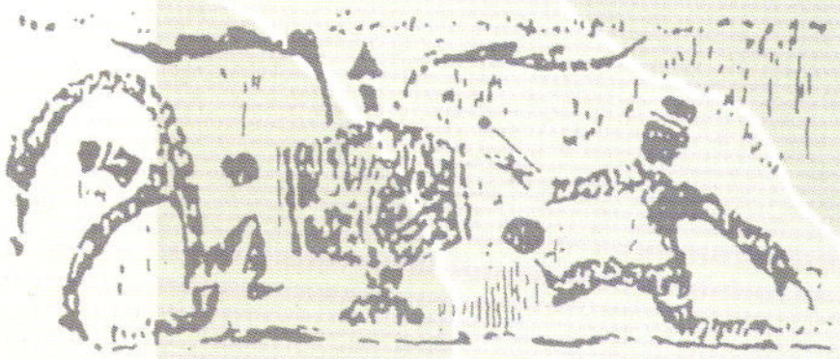

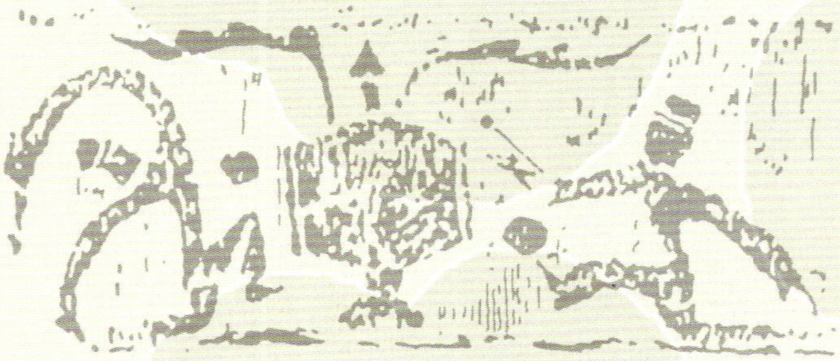

百戏是一项具有民族特色的传统运动形式，它的原始形态产生于人类自身的劳动与生活实践。在古代华北地区，随着历史的发展和社会的进步，脱胎于劳动与生活实践的百戏技巧活动，逐渐成为人们娱乐生活的重要形式。及至后来，逐渐独立于人们生产实践之外的百戏技巧活动中的倒立、柔术和翻筋斗等形式日益丰富。而这些在历史的长河中所凝练成的技巧的高难度动作和多样的运动形式，为中国古代体育活动增添了重要内容。

图 10-1　汉代观伎画像砖（国家博物馆藏）

图 10-2　北魏齿上橦技弄丸百戏石棺浮雕（山西榆社出土）

图 10-3　北魏百戏图石浮雕（山西省沁县石窟寺）

图 10-4 南宋傀儡戏画像镜 国家博物馆藏（载《中国文物精华大辞典·青铜卷》

图 10-5 明代佚名绘《明宪宗元宵行乐图》卷 戴竿（中国历史博物馆藏）

图 10-6　明代佚名绘《明宪宗元宵行乐图》卷局部 顶人奏乐（国家博物馆藏）

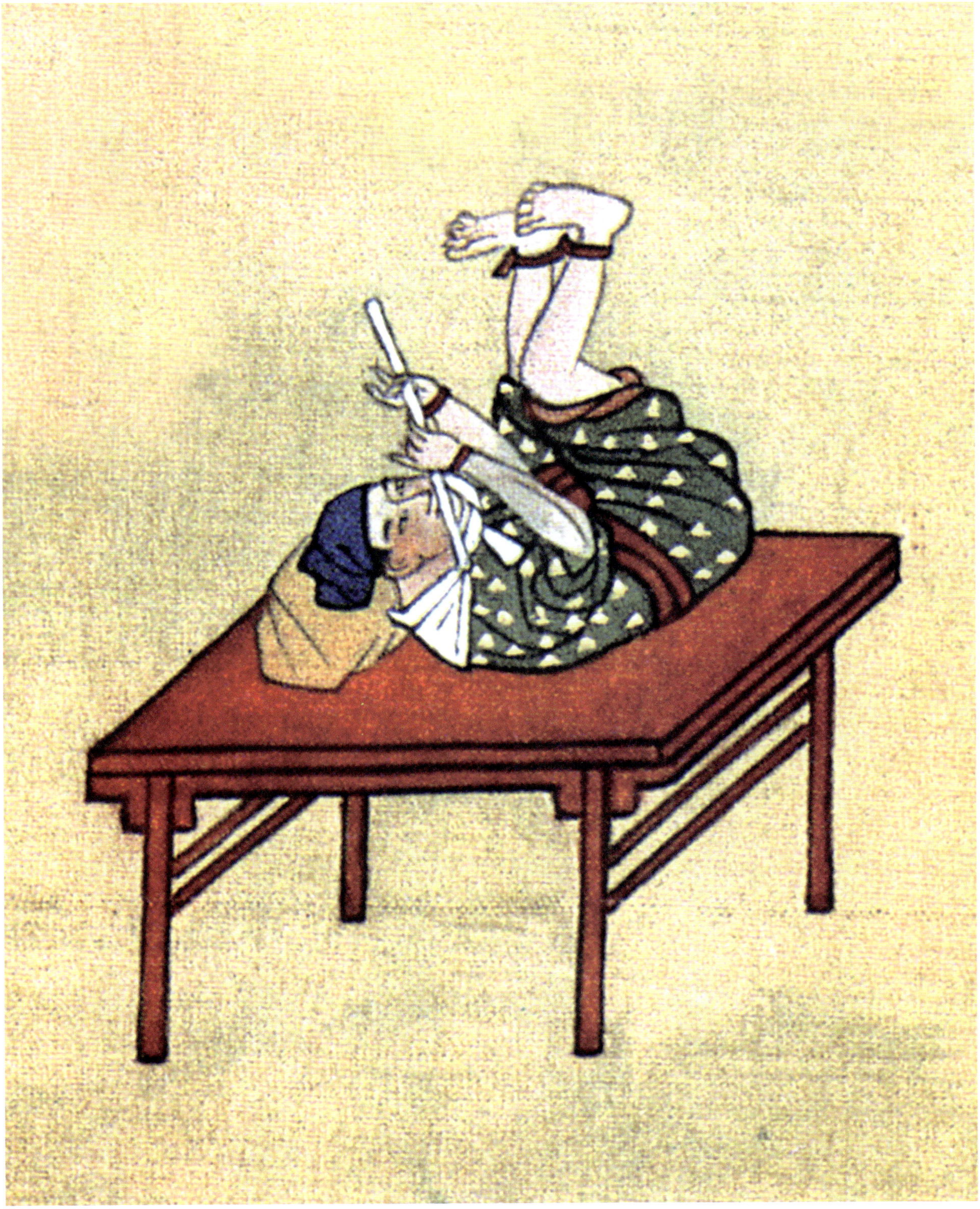

图 10–7　明代佚名绘《明宪宗元宵行乐图》卷中的倒立奏乐（国家博物馆藏）

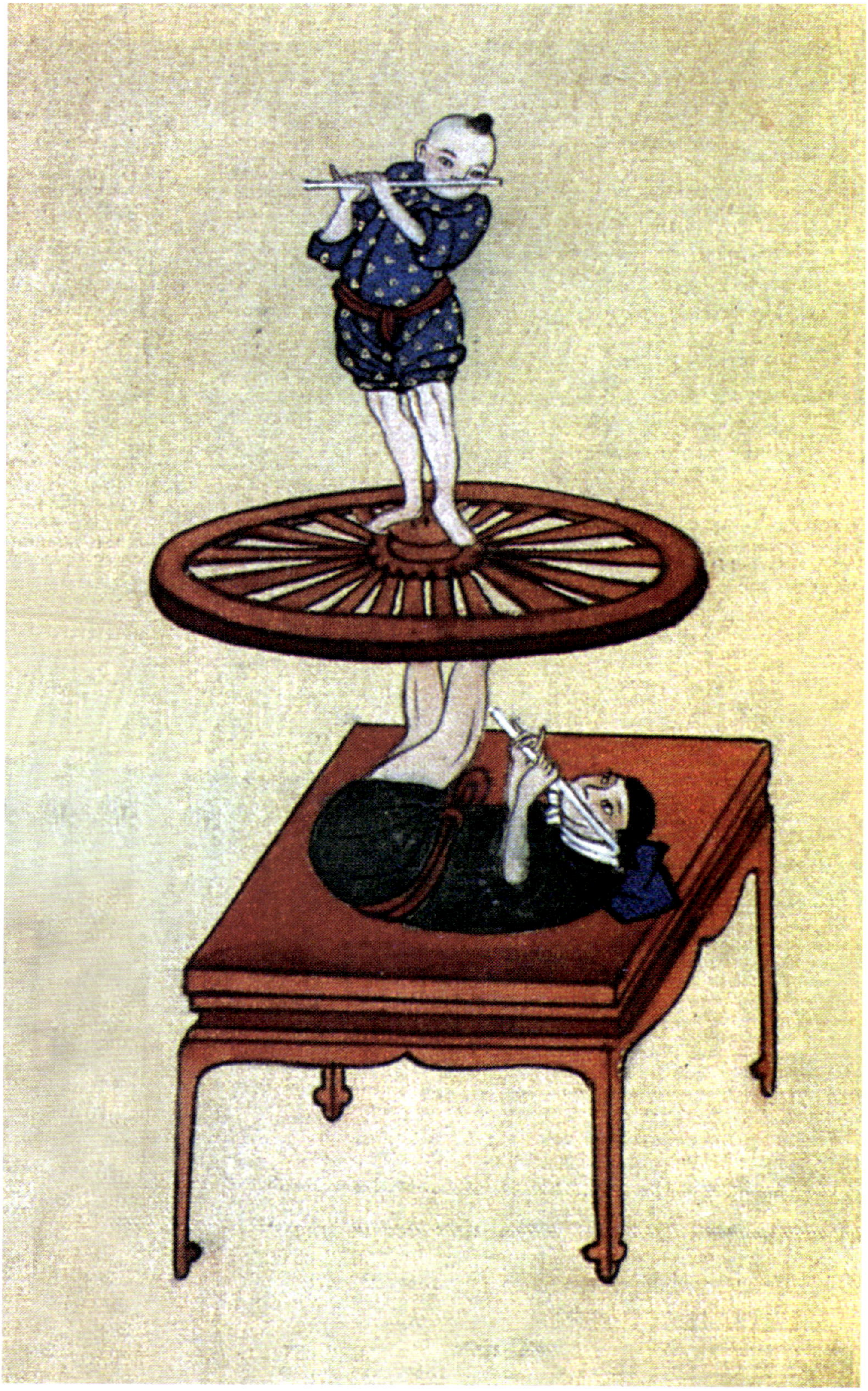

图 10-8　明代佚名绘《明宪宗元宵行乐图》卷中的蹬轮奏乐图（国家博物馆藏）

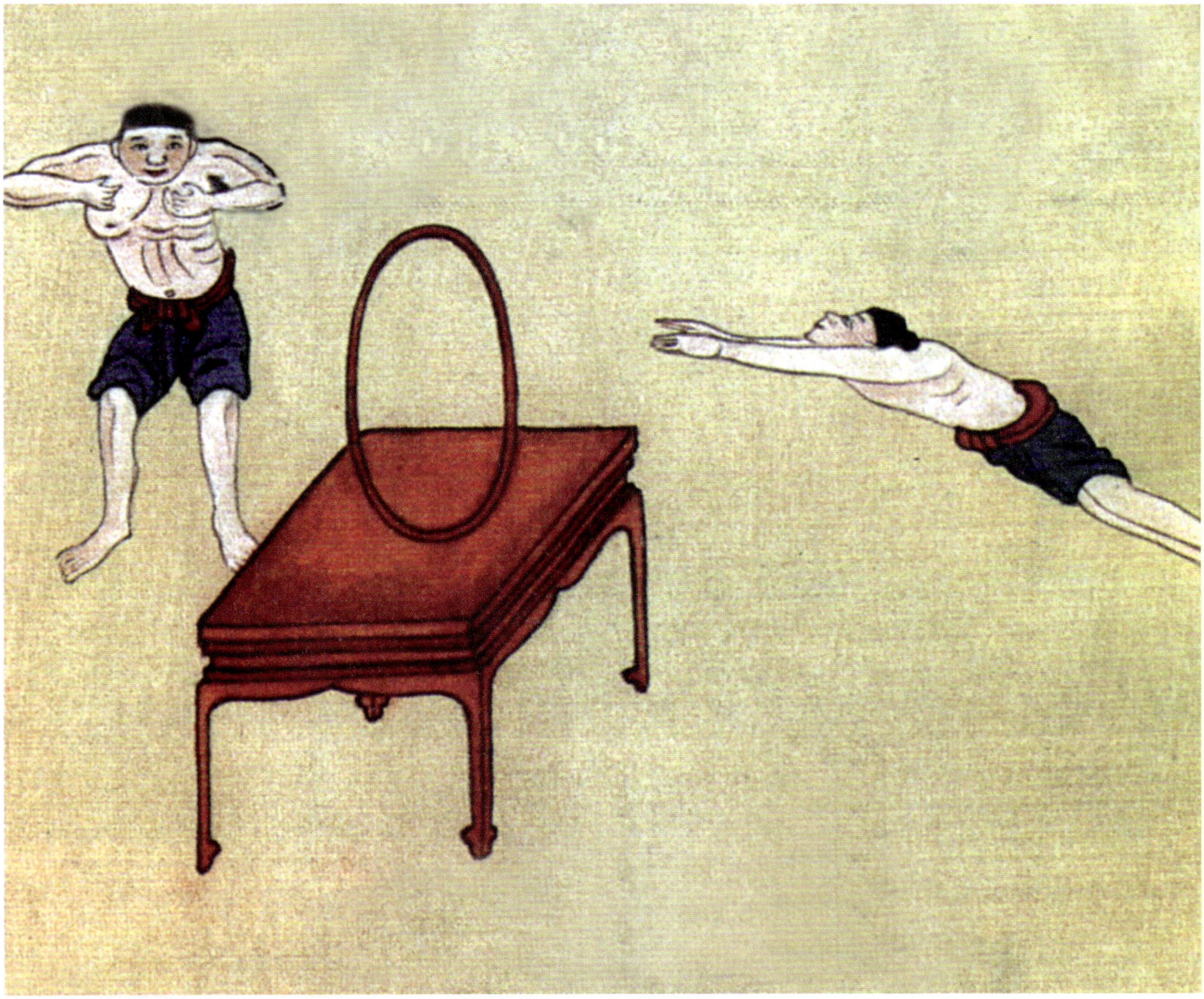

图 10-9 明代佚名绘《明宪宗元宵行乐图》卷中的钻圈图（国家博物馆藏）

图 10-10　清代张宏绘《杂技游戏图》（一）（故宫博物院藏）

图 10-11　清代张宏绘《杂技游戏图》（二）（故宫博物院藏）

图 10-12　清代张宏绘《杂技游戏图》（三）（故宫博物院藏）

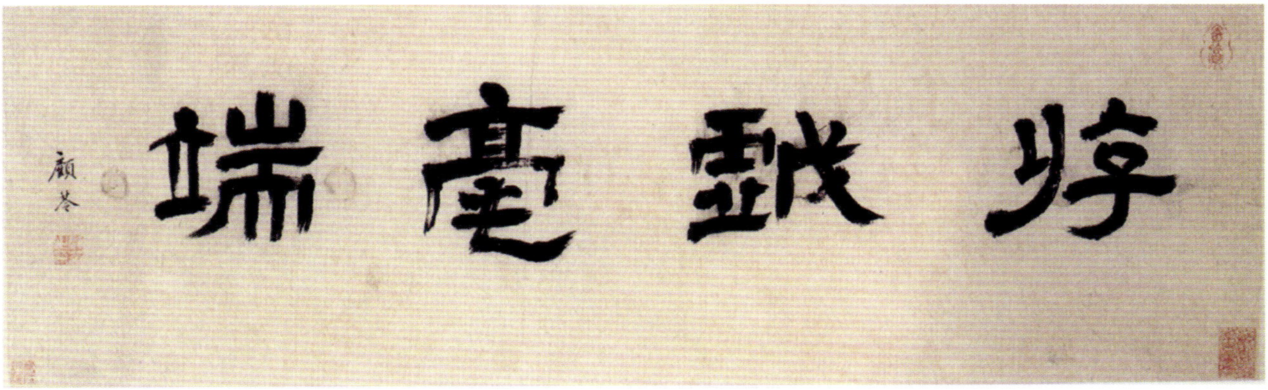
戲毫端
顧苓

图 10–13 清代张宏绘《杂技游戏图》（四）（故宫博物院藏）

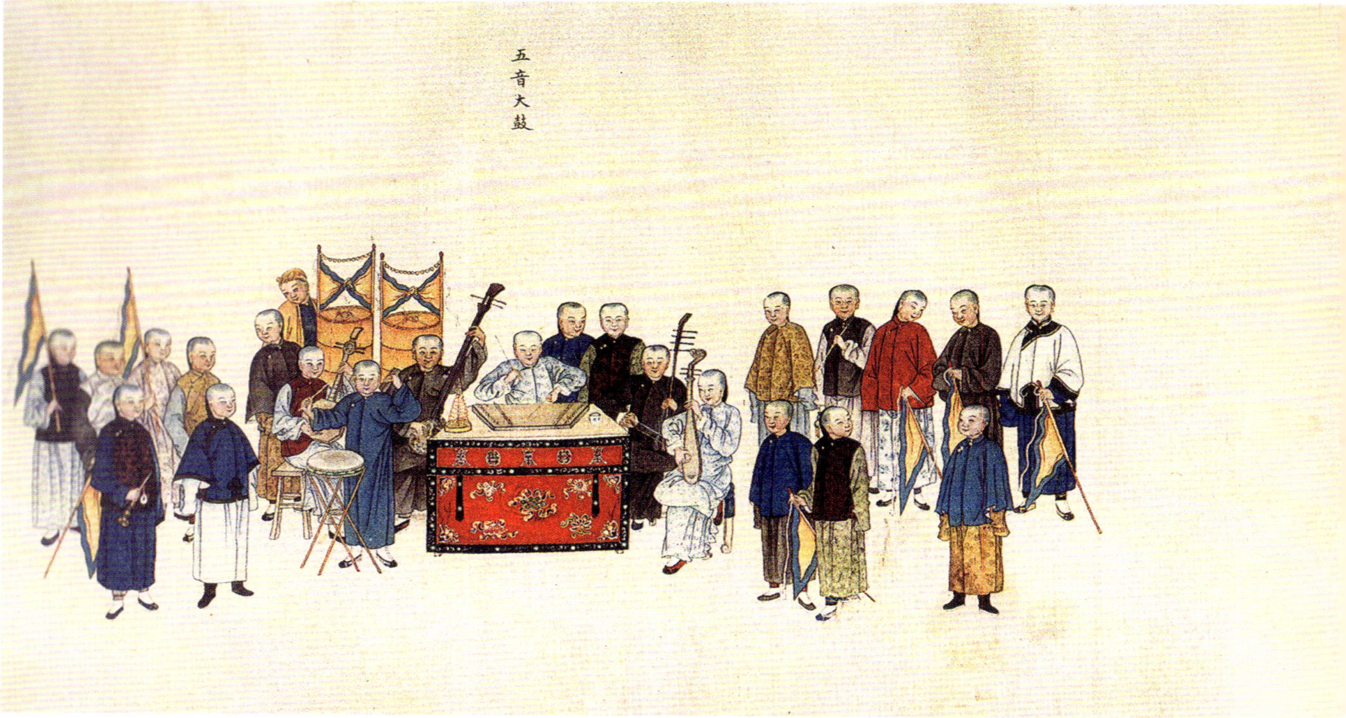

图 10–14 清代张凯、王继明、张启明、屈兆麟绘《普庆升平图》卷之一（绢本设色，纵 38.8 厘米，横 1136.7 厘米，故宫博物院藏）

普慶昇平

图 10-15 清代张凯、王王继明、张启明、屈兆麟《普庆升平图》卷之三（绢本设色，纵 38.8 厘米，横 1136.7 厘米，故宫博物院藏）

图 10-16 清代张凯、王继明、张启明、屈兆麟绘《普庆升平图》卷之四（绢本设色，纵 38.8 厘米，横 1136.7 厘米，故宫博物院藏）

奉
勅恭製
臣張愷王繼明張啓明屈兆麟

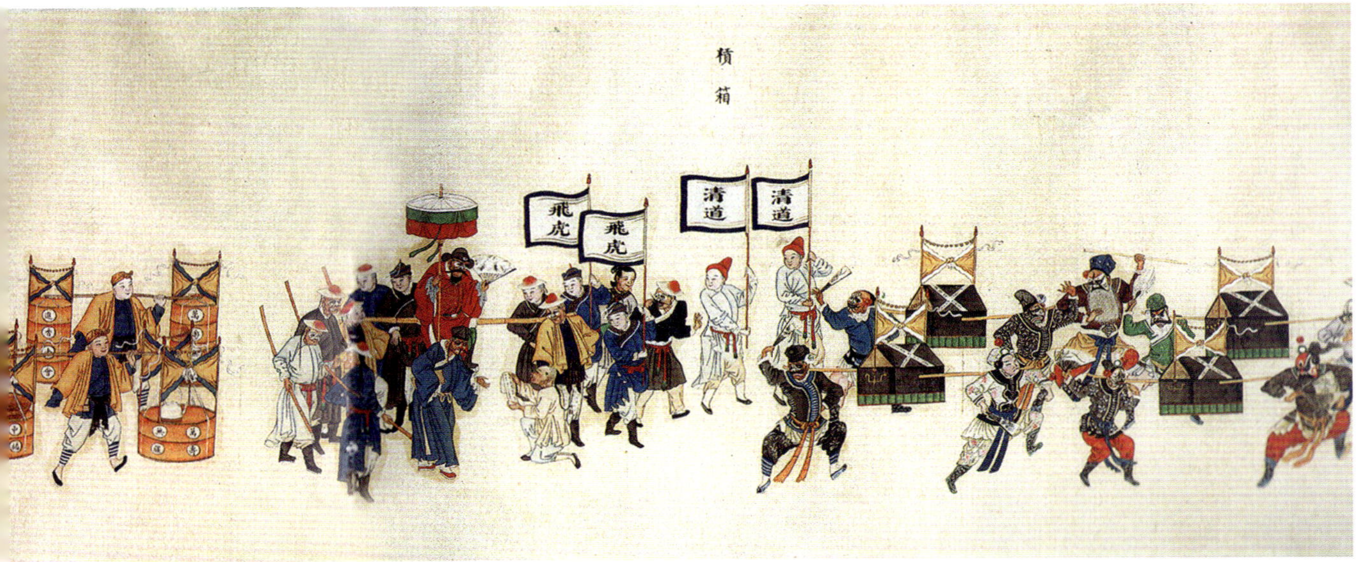
槓箱
飛虎
飛虎
清道
清道

图 10-17　清代张凯、王继明、张启明、屈兆麟绘《普庆升平图》卷之五（绢本设色，纵 38.8 厘米，横 1136.7 厘米，故宫博物院藏）

图 10-18　清代张凯、王继明、张启明、屈兆麟绘《普庆升平图》卷之六（绢本设色，纵 38.8 厘米，横 1136.7 厘米，故宫博物院藏）

開路

雙石

图 10-19　清代张凯、王继明、张启明、屈兆麟绘《普庆升平图》卷之七（绢本设色，纵 38.8 厘米，横 1136.7 厘米，故宫博物院藏）

图 10-20　清代张凯、王继明、张启明、屈兆麟绘《普庆升平图》卷之九（绢本设色，纵 38.8 厘米，横 1136.7 厘米，故宫博物院藏）

少林棍

槓子

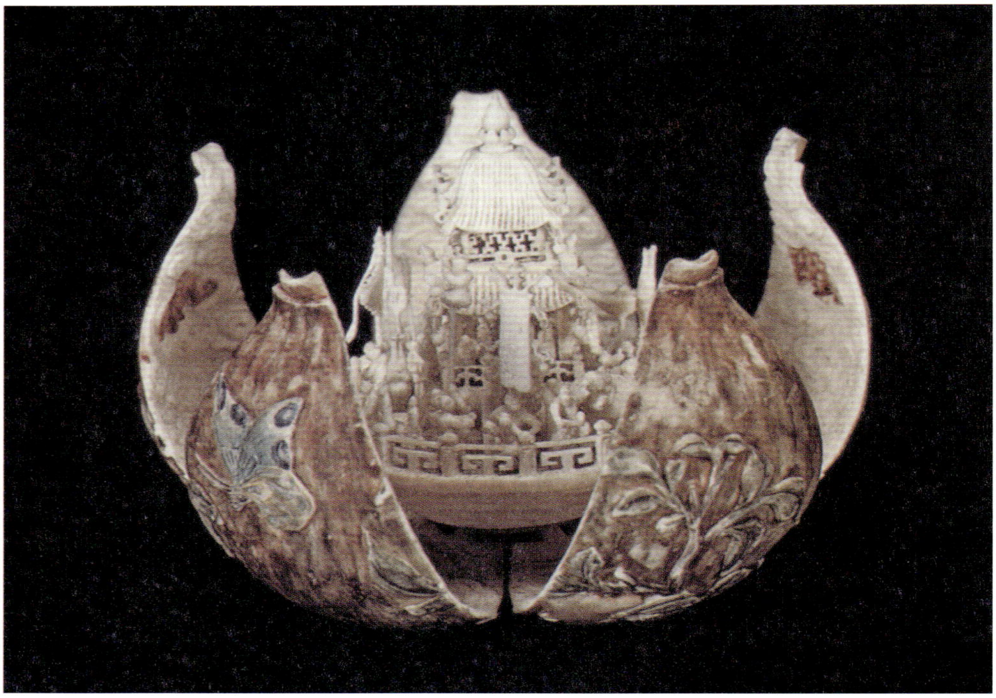

图 10–21　清代中期莫纪成象牙雕榴开百戏背面（高 5.3 厘米，腹径 5.7 厘米，故宫博物院藏）

图 10–22　清代乾隆时期雕漆儿童杠子图瓶（高 36.5 厘米，腹围 79 厘米，天津博物馆藏）

图 10–23　清代乾隆时期雕漆儿童杠子图瓶局部图（高 36.5 厘米，腹围 79 厘米，天津博物馆藏）

图 10–24　清代练皮条杠子图（选自北京图书馆藏清代民间艺人画稿《北京民间风俗百图》）

图 10–25　清代蹬梯子图（选自北京图书馆藏清代民间艺人画稿《北京民间风俗百图》）

图 10–26　清代顶宝塔碗图（选自北京图书馆藏清代民间艺人画稿《北京民间风俗百图》）

图 10-27　清代翻跟头图（选自北京图书馆藏清代民间艺人画稿《北京民间风俗百图》）

此中國耍杈之圖也人練習此杈亦有無
數花樣望空拋去一二丈高上下翻飛
能在身上各處飛轉練此藝者可在
天橋等處撂蕩子耍非是索錢餬口
也

图 10-28　清代耍钢叉图（选自北京图书馆藏清代民间艺人画稿《北京民间风俗百图》）

图 10-29　清代钻火圈图（选自北京图书馆藏清代民间艺人画稿《北京民间风俗百图》）

图 10-30 清代耍坛子图（选自北京图书馆藏清代民间艺人画稿《北京民间风俗百图》）

第十一章 棋牌博弈

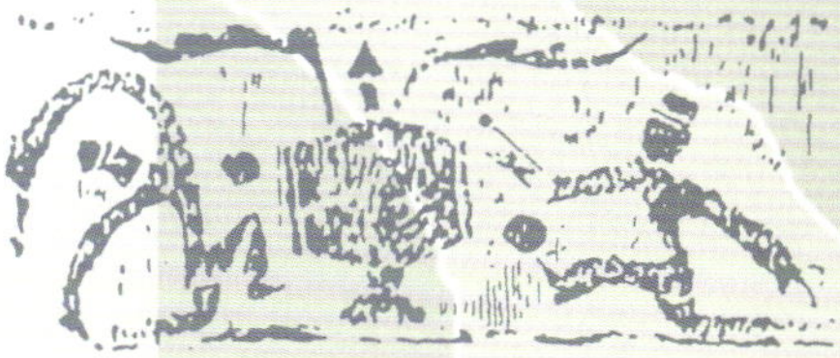

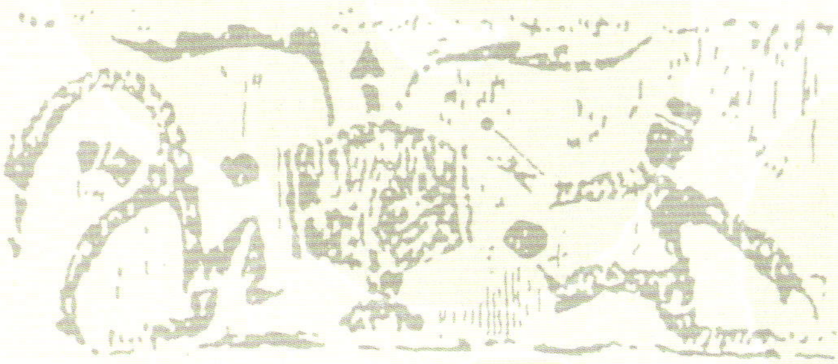

流行于古代华北地区的的棋牌博弈活动，主要包括围棋、象棋、六博棋和双陆棋。这些棋牌类活动形式，既有来自中原地区的围棋、象棋、六博棋等形式，又有来自其他地区的诸如双陆棋等棋艺形式。这些棋牌博弈活动遍布古代华北各地，并随着历史的进步而不断发展。几千年来，它既娱乐着世世代代的民众，开启着人们的智慧，同时又满足了人类的竞争心理。这些内容丰富、形式多样的棋牌博弈活动，是具有浓郁特色的中华传统体育的重要组成部分。

一、围棋

图 11-1-1　东汉石围棋盘（1952 年河北省望都东汉墓出土）

图 11-1-2　北魏二人对弈石雕（山西省沁县烂柯山出土）

图 11-1-3　唐代石质围棋子（中国体育博物馆藏）

图 11-1-4　五代周文矩绘《重屏会棋图》卷（故宫博物院藏）

图 11-1-5　宋代围棋（白釉钵内装白色围棋子 200 个，鹤煤集团古典艺术博物馆藏）

图 11-1-6　宋代围棋（黑釉钵内装黑色围棋子 200 个，鹤煤集团古典艺术博物馆藏）

图 11-1-7　辽代三老对弈图（河北宣化辽代张文藻墓壁画）

图 11-1-8　金代五子观弈人物铜镜（首都博物馆藏）

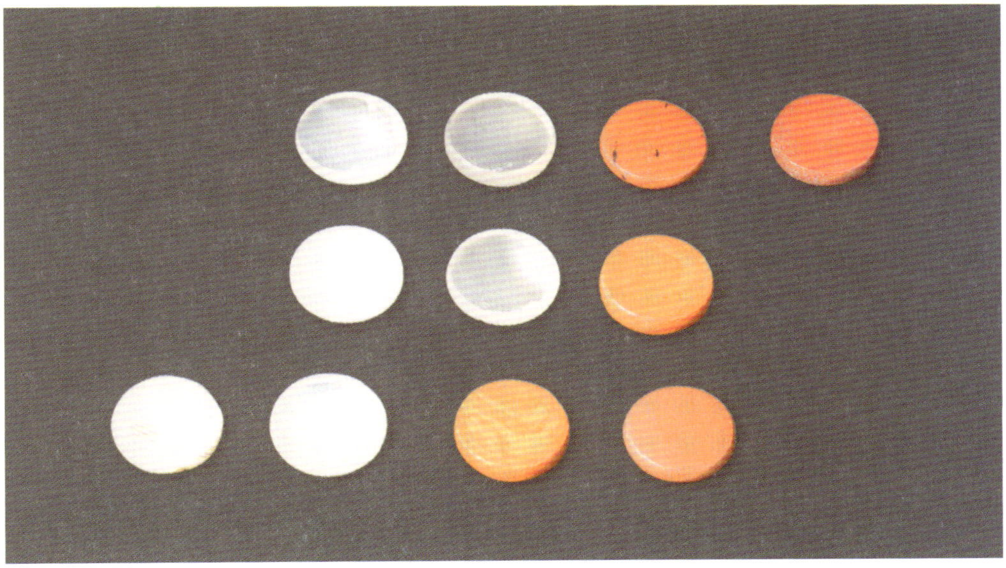

图 11-1-9　元代红白玛瑙围棋子（北京市西城区新街口豁口出土，首都博物馆藏）

图 11-1-10　元代弈棋壁画（山西洪洞水神庙壁画）

图 11-1-11　明代仇英绘《汉宫春晓图》卷局部之一（绢本设色，纵 28 厘米，横 486 厘米，天津博物馆藏）

图 11-1-12　明代佚名绘《棋乐图》卷局部之三（每幅纵 30 厘米，横 83.5 厘米，河南博物院藏）

图 11-1-13　明代佚名绘《五老观棋图》轴（绢本设色，纵 141.8 厘米，横 81 厘米，首都博物馆藏）

图 11-1-14　明代尤求绘《围棋报捷图》轴（纸本墨笔，纵 115.4 厘米，横 30.8 厘米，天津博物馆藏）

图 11-1-15　明代紫檀雕十八学士长方盒（中国国家博物馆藏）

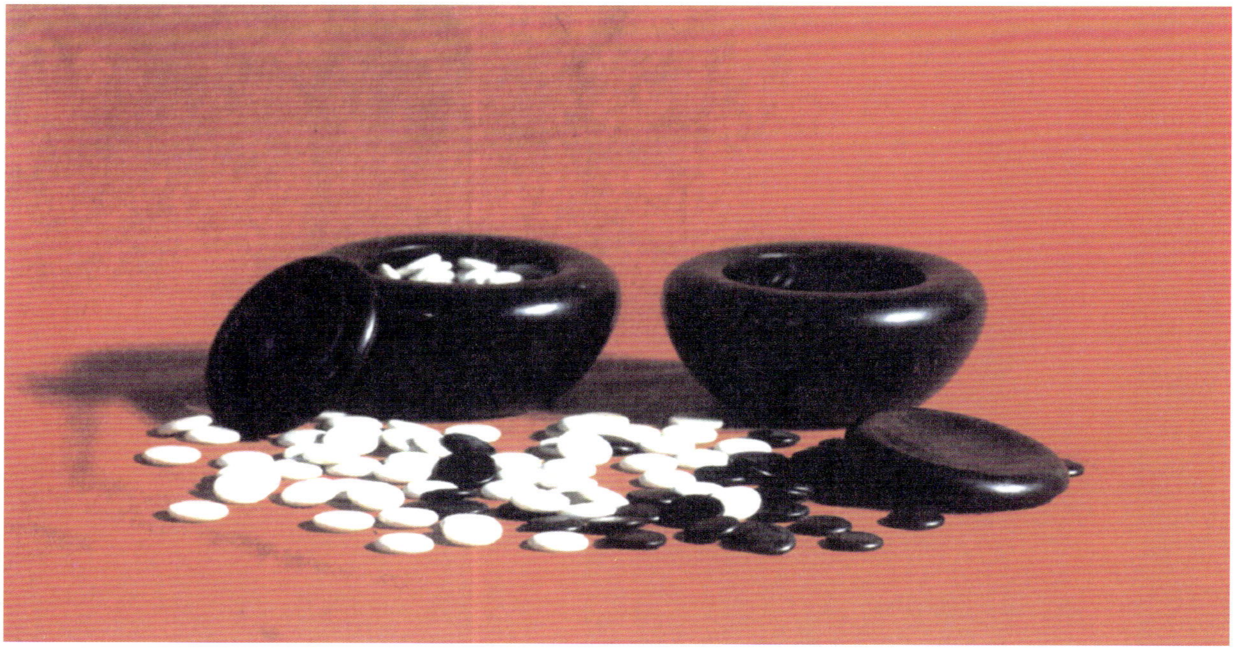

图 11-1-16　明代料石围棋（中国体育博物馆藏）

图 11-1-17 明代漆绘围棋木屏风（中国体育博物馆藏）

图 11-1-18 明代黄花梨活面带屉围棋桌（故宫博物院藏）

图 11-1-19 清代陈枚绘《月曼清游图册·闲庭对弈》（故宫博物院藏）

图 11-1-20　清代刘融绘《溪山对弈图》轴局部（绢本设色，纵 166 厘米，横 96 厘米，天津博物馆藏）

图 11-1-21　清代钱慧安绘《百子图》册之弈棋（绢本设色，纵 28 厘米，横 25 厘米，天津博物馆藏）

图 11-1-22　清代徐扬绘《山斋对弈图》轴（纸本设色，纵 139.8 厘米，横 51.6 厘米，故宫博物院藏）

图 11-1-23　清代王翚等绘《康熙南巡图》局部之下围棋（故宫博物院藏）

图 11-1-24　清代佚名绘《百子图》卷局部围棋（绢本设色，纵 30 厘米，横 333 厘米，天津博物馆藏）

图 11-1-25　清代佚名绘《观棋谱图》轴（纸本设色，纵 64 厘米，横 41.7 厘米，首都博物馆藏）

图 11-1-26　清代佚名绘《孝钦后弈棋图》轴（故宫博物院藏）

图 11-1-27　清代张明山制作《下棋》彩塑（高 33 厘米，天津博物馆藏）

图 11-1-28　清代康熙青花纹会棋图碗（围棋）（口径 20.4 厘米，底径 8.9 厘米，高 9.6 厘米，天津博物馆藏）

图 11-1-29　清雍正粉彩仕女对弈图瓶（口径 11.8 厘米，高 41.7 厘米，天津博物馆藏）

图 11-1-30　清中期制围棋纹提梁银虎（故宫博物院藏）

图 11-1-31　清初竹雕竹林七贤笔筒图案之抚琴、侍童（高 17.3 厘米，口径 13.7 厘米，故宫博物院藏）

图 11-1-32　清代园林围棋人物纹嵌铜黑漆箱盖面（长 47.5 厘米，宽 22 厘米，高 10.5 厘米，故宫博物院藏）

图 11-1-33　清代黄杨木雕东山报捷图（对弈）笔筒之二（高 17.8 厘米，口径 13.5–8.5 厘米，故宫博物院藏）

图 11-1-34　清代玉围棋（故宫博物院藏品）

图 11-1-35　清代工雕漆炕式围棋枰（北京雕漆厂藏）

二、象棋

图 11-2-1　宋代铜质象棋子（中国体育博物馆藏）

图 11-2-2　明代象牙雕象棋（此棋为完整的一副，材质硕大，包浆温润。正面以红、绿二色刻填工整楷书车、马、炮等字。《收藏界》2005 年第 4 期收录）

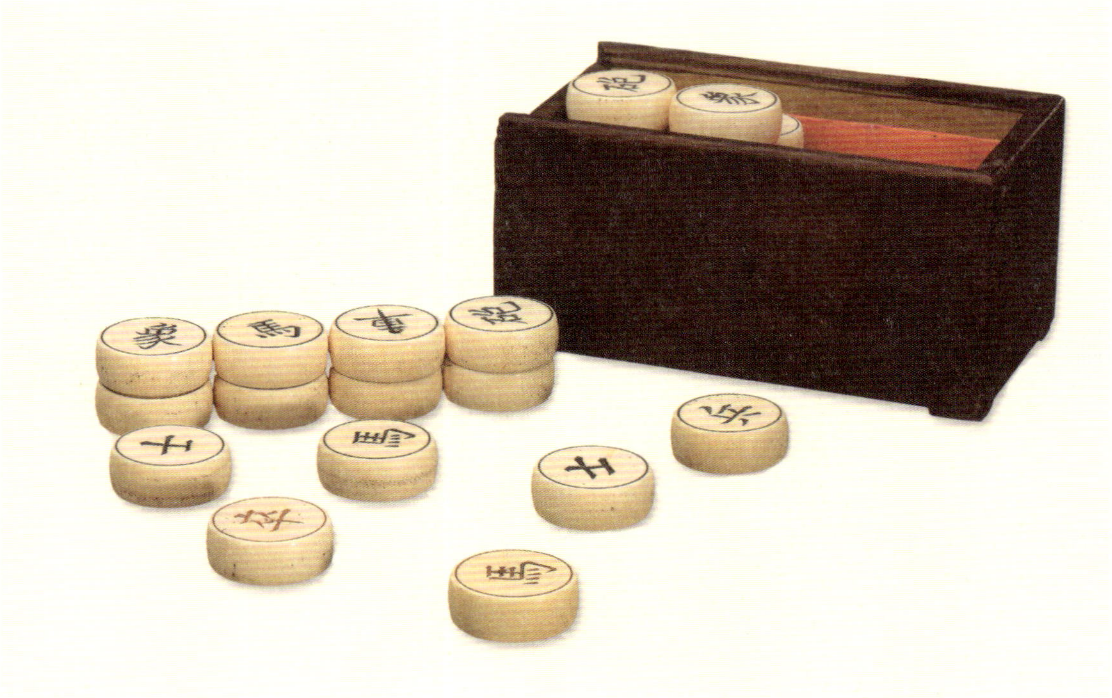

图 11-2-3　清代象牙象棋（故宫博物院藏）

图 11-2-4　清代乾隆仿哥釉象棋子（故宫博物院藏）

图 11-2-5　清代玉质象棋（故宫博物院藏）

图 11-2-6　清代象棋（中国体育博物馆藏）

图 11-2-7　清代玉质象棋（故宫博物院藏）

图 11-2-8　清代下象棋图（选自北京图书馆藏清代民间艺人画稿《北京民间风俗百图》）

图 11-2-9　清晚期纸质象棋盘
（故宫博物院藏）

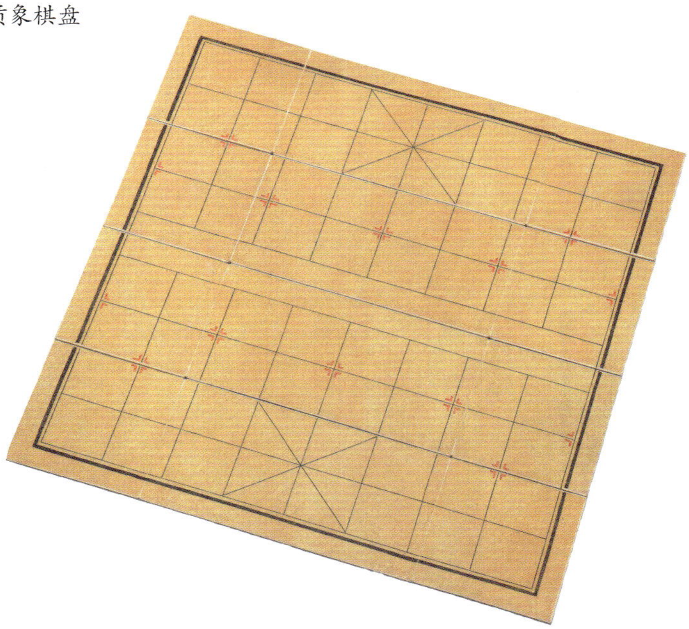

三、六博棋

图 11-3-1　战国陶骰子
（1930 年河北省易县燕下都出土）

图 11-3-2　战国石棋子（河北中山王族 3 号墓出土，河北省文物研究所藏）

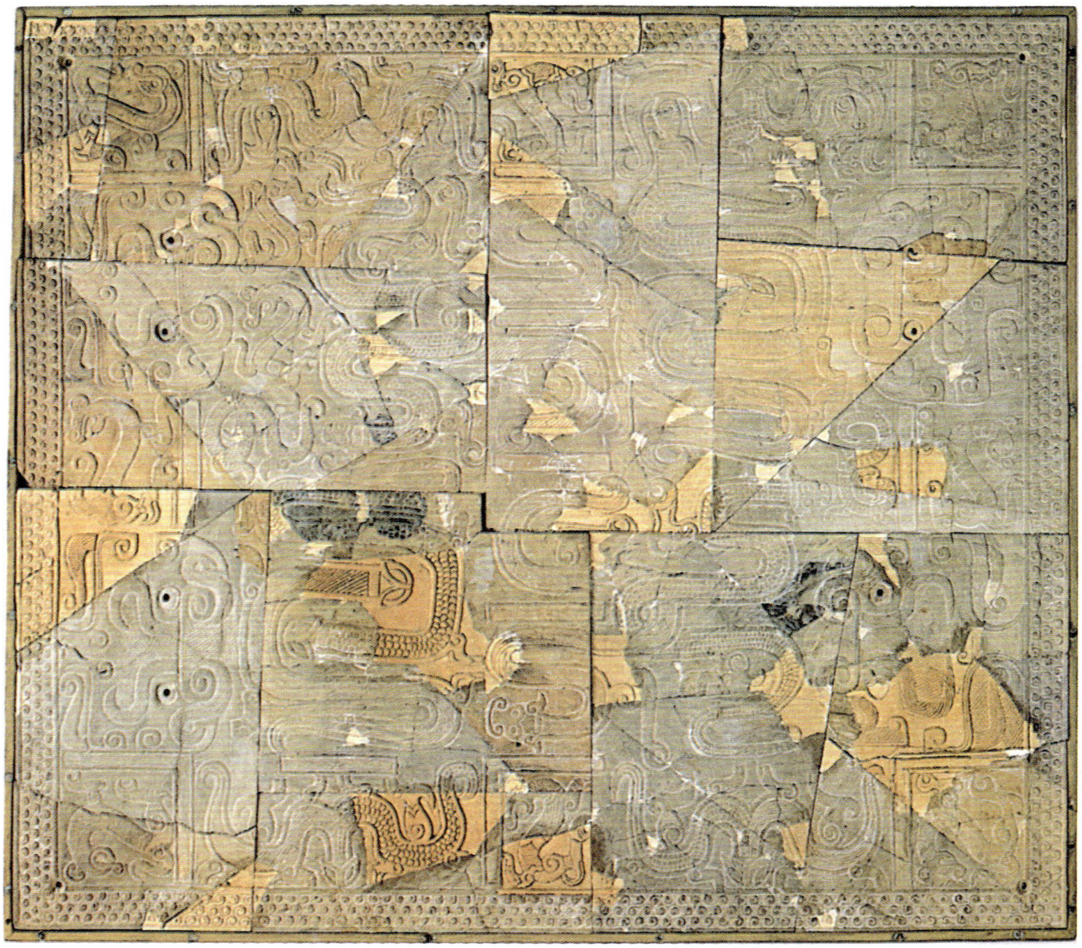

图 11-3-3　战国石雕六博棋盘（河北中山王墓出土）

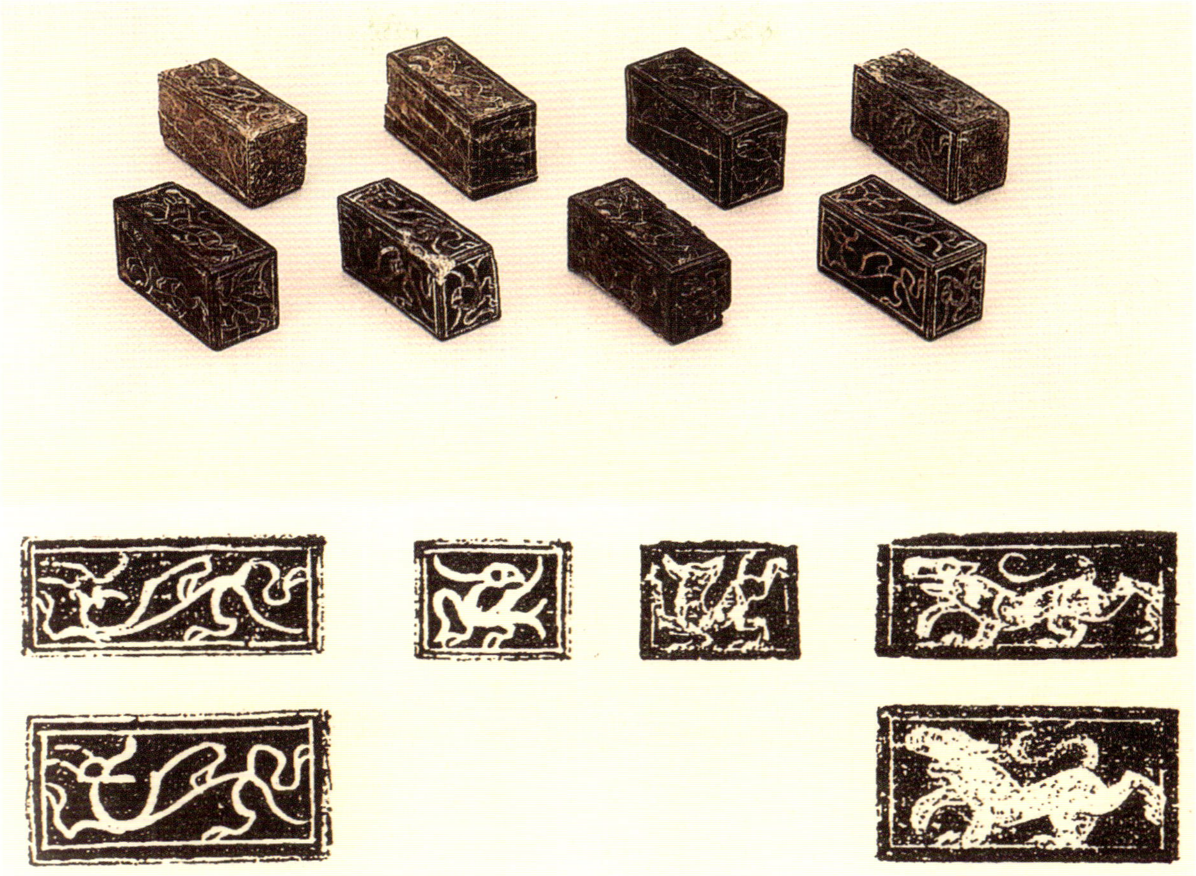

图 11-3-4　西汉六博牙棋及牙棋拓片（1975 年北京丰台大葆台西汉墓出土）

图 11-3-5　东汉博局纹人物画像镜（故宫博物院藏）

四、双陆棋

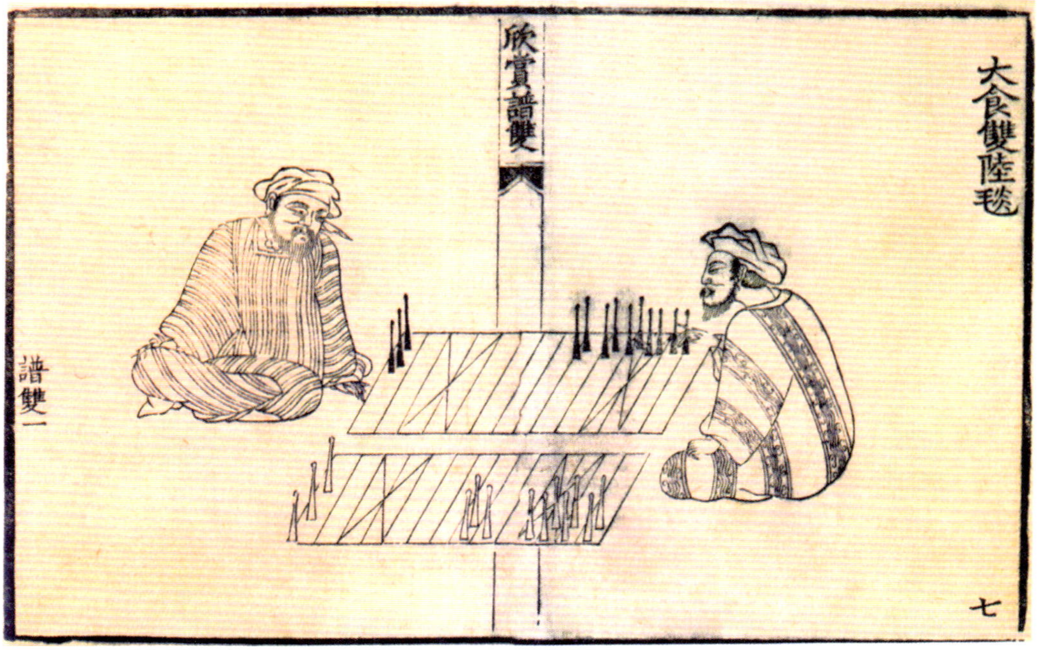

图 11-4-1　宋代洪遵著《谱双》中的大食双陆图

图 11-4-2　元代《事林广记·双陆图》（中国国家图书馆藏书）

图 11-4-3　清代任熊《姚大梅诗意图》册双陆图（故宫博物院藏）

图 11-4-4　清代玉双陆棋（黑白各十五枚，高 8 厘米，直径 1.7 厘米，故宫博物院藏）

图 11-4-5　明清时期的双陆局和双陆棋子（故宫博物院藏）

第十二章 御术和马术

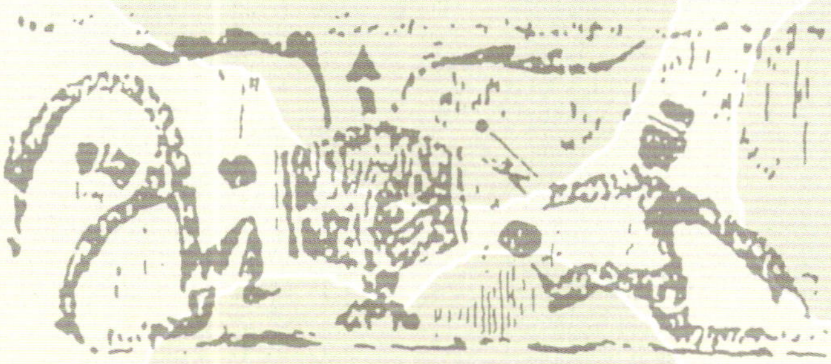

御术和马术，是中国古代比较流行的运动项目，主要包括御术、赛马、马上技巧和戏马等形式。这类运动形式在商代即已有了较大发展，而至汉代则更为兴盛。在华北地区的的不同历史时期，这类活动形式与人们的生产与生活实践活动密切相关，已逐渐成为人们娱乐竞技活动的主要辅助形式。随着历史的发展，御术和马术无论在民间，还是在统治阶级的军事训练中，都已逐渐演化成为一类主要的运动和娱乐形式，并有了新的发展。明清之际，御术虽有所衰退，但马术的比赛与表演活动却在民间和军中日渐兴盛。在历史的长河中，这两类活动内容都是中国古代体育的重要的运动形式。

一、御术

图 12-1-1　商代犀牛纹弓形器（长 36.8 厘米，宽 3.5 厘米，河北省秦皇岛市卢龙县东阚各庄出土，河北省文物研究所藏）

图 12-1-2　西周青铜车銮（高 17.5 厘米，口径 2.4 厘米 ×1.9 厘米，北京市房山区琉璃河遗址出土，首都博物馆藏）

图 12-1-3　西周青铜车軎、车辖（车軎通高 12.5 厘米，顶径 4.8 厘米，底径 5.6 厘米，车辖通长 11.4 厘米，宽 3.5 厘米，山西省临汾市翼城县大河口墓地出土，山西省考古研究所藏）

图 12-1-4　西周青铜车軎（长 11.6 厘米，北京市房山区琉璃河遗址出土，首都博物馆藏）

图 12-1-5　西周青铜当卢（左高 19.5 厘米，最宽 10.2 厘米，鼻梁宽 4.7 厘米；右高 18.7 厘米，最宽 9.5 厘米，鼻梁宽 4.2 厘米。山西省临汾市翼城县大河口墓地出土，山西省考古研究所藏）

图 12-1-6　西周青铜铃（高 10.5 厘米，铣间距 8.6 厘米，山西省临汾市翼城县大河口墓地出土，山西省考古研究所藏）

图 12-1-7　东汉车马出行图局部之一（河北省安平县逯家庄东汉壁画墓出土）

图 12-1-8　东汉车马出行图局部之二（河北省安平县逯家庄东汉壁画墓出土）

图 12-1-9　东汉车马出行图局部之三（河北省安平县逯家庄东汉壁画墓出土）

图 12-1-10　东晋顾恺之（宋摹）《洛神赋图》卷局部（图纵 27.1 厘米，横 572.8 厘米，故宫博物院藏）

二、马术

图 12-2-1　唐（传）佚名《游骑图》卷（故宫博物院藏）

图 12-2-2　汉代青铜马镫（高 12.5 厘米，天津博物馆藏）

图 12-2-3　宋代磁州窑白底黑花马术纹枕正面（高 12 厘米，长 29 厘米，宽 21 厘米，故宫博物院藏）

图 12-2-4　辽代陈及之《便桥会盟图》中描写的唐代马戏图局部之三（故宫博物院藏）

图 12-2-5　辽代陈及之《便桥会盟图》中描写的唐代马戏图局部之四（故宫博物院藏）

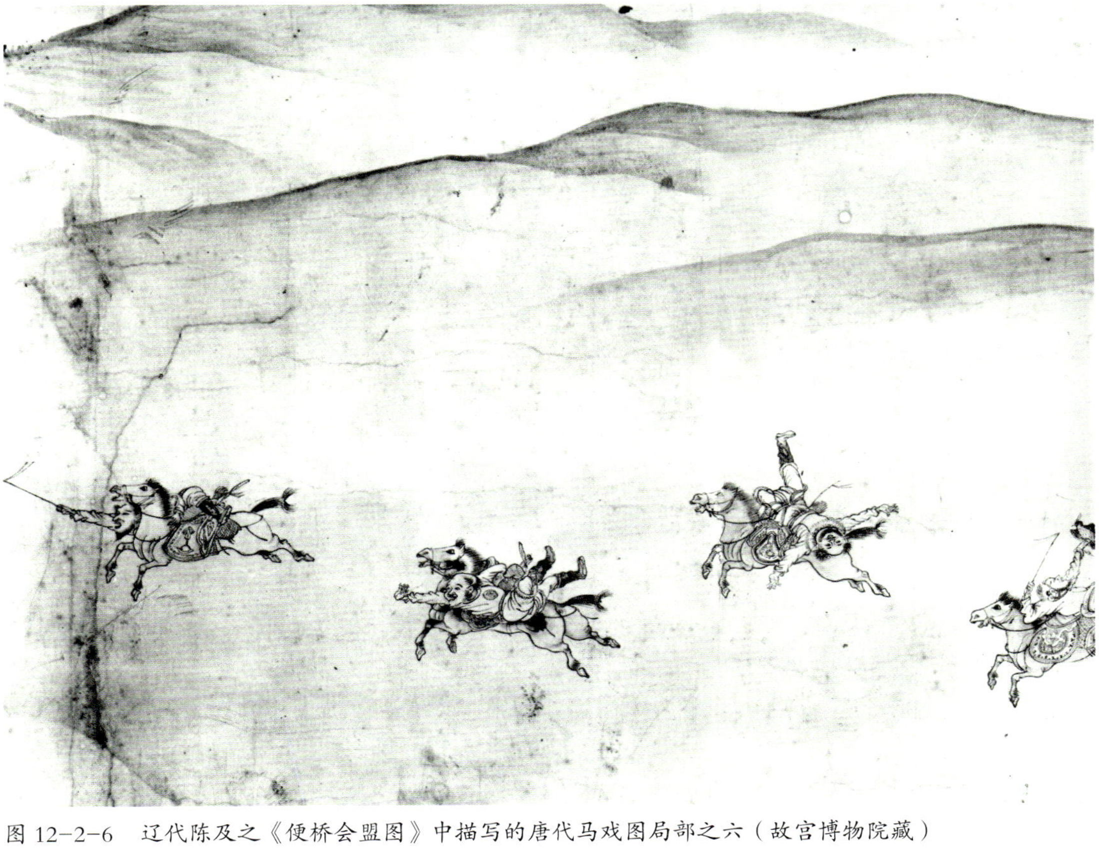

图 12-2-6　辽代陈及之《便桥会盟图》中描写的唐代马戏图局部之六（故宫博物院藏）

图 12-2-7 明代太子走象奔马图壁画（山西省太原市崇善寺明代壁画，原题：太子走象奔马）

图 12-2-8　清代佚名绘《风俗小品图册·杂技跑马》（故宫博物院藏）

图 12-2-9　清代郎世宁等绘《马术图》横轴（故宫博物院藏）

图 12-2-10　清代郎世宁、金昆、丁观鹏、程志道、李慧林绘《木兰图卷·马伎》轴（法国吉美博物馆藏）

图 12-2-11　清代佚名绘《赛马图》卷局部之一（纵 30.2 厘米，横 228.5 厘米，四川博物院藏）

图 12-2-12　清代佚名绘《赛马图》卷局部之二（纵 30.2 厘米，横 228.5 厘米，四川博物院藏）

图 12-2-13　清康熙青花仕女赛马图棒槌瓶（口径 11.3 厘米，底径 11.3 厘米，高 46 厘米，河北博物院藏）

图 12-2-14　清代铁马镫（宽 18.2 厘米，天津博物馆藏）

图 12-2-15　清红皮嵌画珐琅櫜鞬（长 29 厘米，宽 17 厘米，鞬长 82 厘米，故宫博物院藏）

图 12-2-16　清代铜马镫（高 14.5 厘米，最宽 12.1 厘米，首都博物馆藏）

图 12-2-17　清代木把镶银马鞭（长 93 厘米，故宫博物院藏）

第十三章 民俗游乐

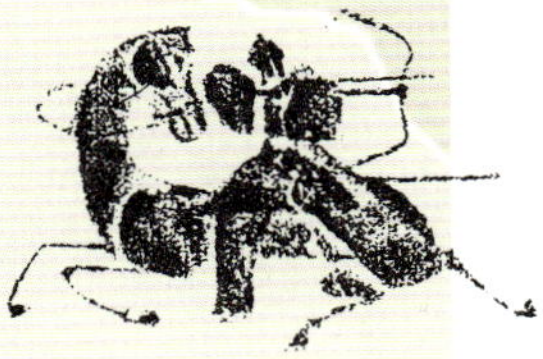

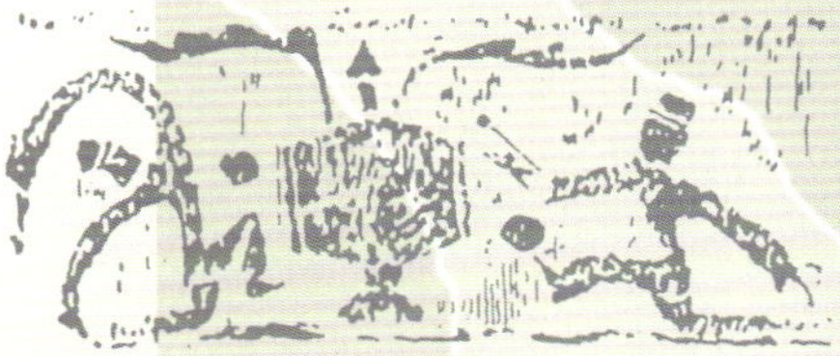

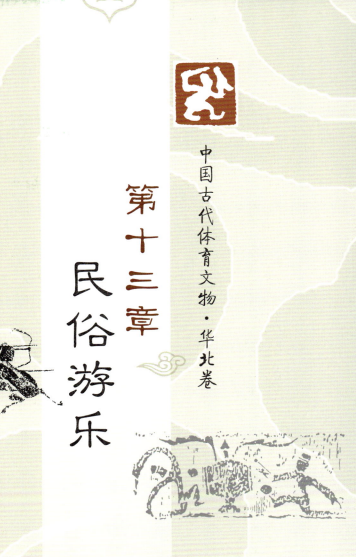

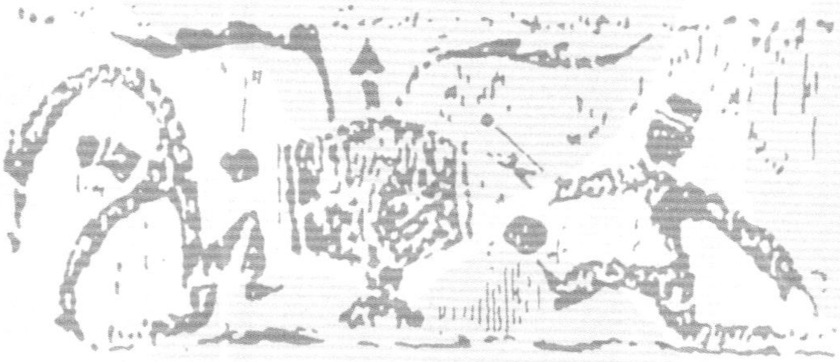

适应人类生活的文化娱乐活动及有益身心的民俗游乐活动，作为中国古代传统体育的主要内容，是随着人类社会文化生活的不断进步而逐步丰富和发展起来的。在华北地区，民俗游乐活动主要包括春游、放风筝、踩高跷、跑旱船、骑竹马、荡秋千、踢毽子、跳绳、投壶、鞭陀螺以及舞狮与舞龙等形式。在古代中国多民族文化的不断融合过程中，流行于华北地区的多样民俗游乐活动内容更丰富，形式更多彩。这类民俗游乐活动为中国古代传统体育活动增添了更加浓郁的民族特色。

一、春游

图 13–1–1　南朝贵妇出游画像砖（国家博物馆藏）

图 13–1–2　隋代展子虔《游春图》卷（故宫博物院藏）

图 13-1-3　南宋佚名绘《春游晚归图》（故宫博物院藏）

二、放风筝

图 13-2-1　清代任熊绘《姚大梅诗意图》册“牧童风筝”图（北京故宫博物院藏）

图 13-2-2　清代高桐轩制杨柳青年画《春风得意》（纵 59.5 厘米，横 109.5 厘米，天津博物馆藏）

春風得意
夕陽春暮
盘園中
鳳翥鸞翔
借好風
莫道兒童
嬉戲意
青雲有路
總能通
壬寅冬月
津西柳
邨居士
桐軒
高蔭章戲
作于雪鴻
山館

图 13-2-3　清代钱慧安绘《百子图》册之放风筝（绢本设色，纵 28 厘米，横 25 厘米，天津博物馆藏）

图 13-2-4　清代放风筝图（选自北京图书馆藏清代民间艺人画稿《北京民间风俗百图》）

图 13-2-5　清代十美放风筝（杨柳青年画）

三、踩高跷

图 13-3-1　清代张恺、王继明、张启明、屈兆麟绘：《普庆升平图》（卷）1-4 踩高跷（故宫博物院藏）

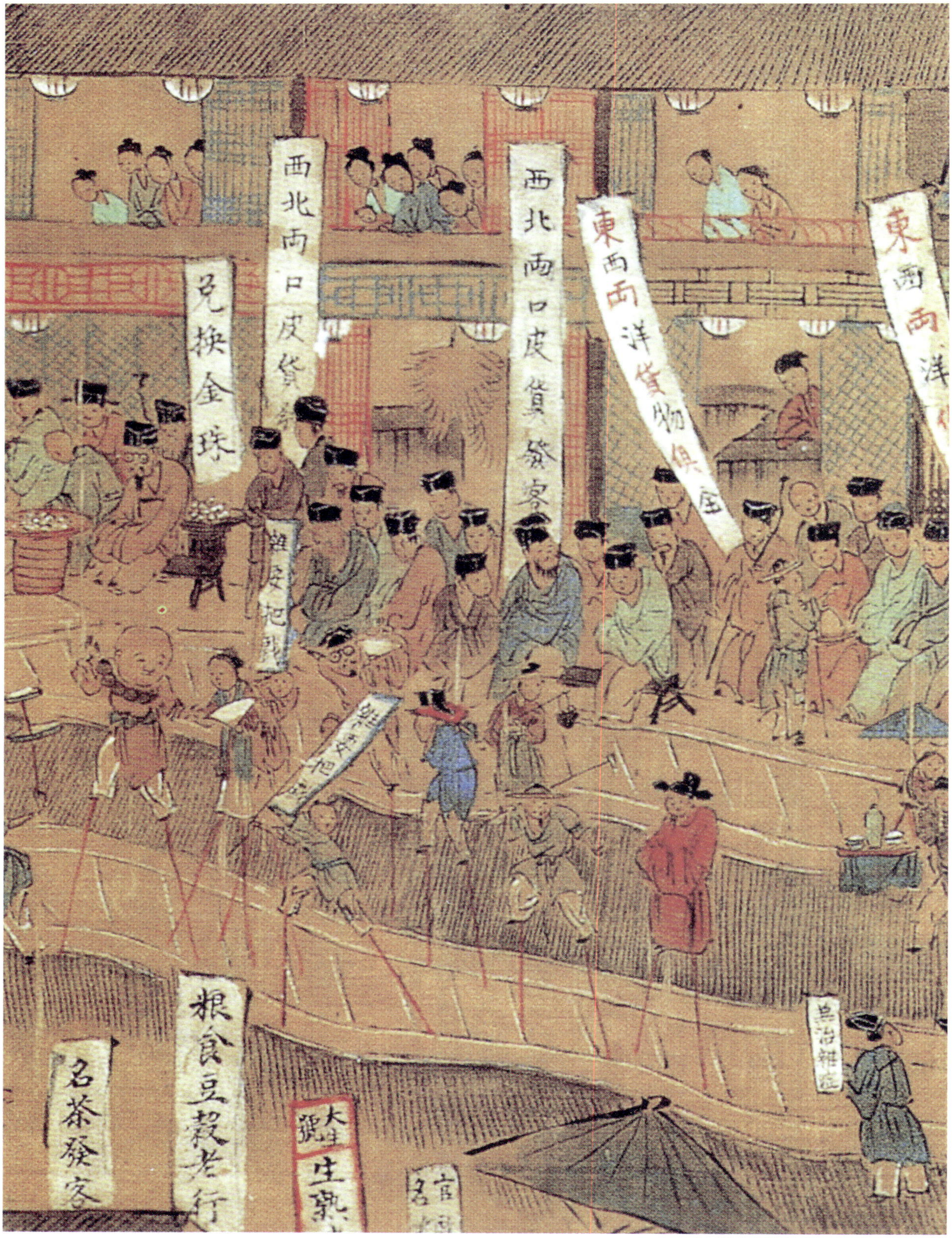

图 13-3-2　明代《南都繁绘图》卷之踩高跷局部（国家博物馆藏）

四、跑旱船

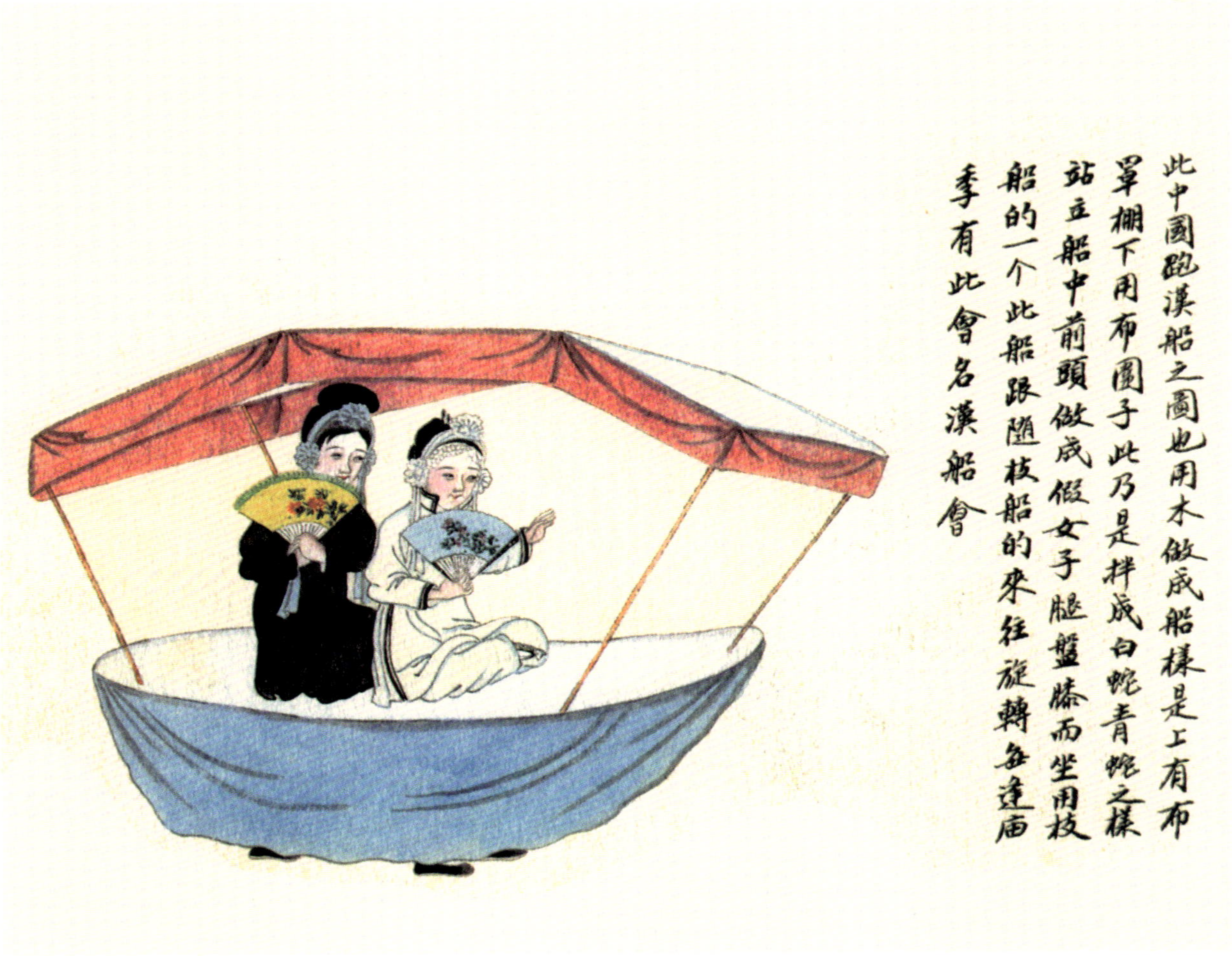
此中國跑漢船之圖也用木做成船樣是上有布
罩棚下用布圍子此乃是拌成白蛇青蛇之樣
站立船中前頭做成假女子腿盤膝而坐用枝
船的一个此船跟隨枝船的來往旋轉每逢廟
季有此會名漢船會

图 13-4-1　清代跑旱船图（选自北京图书馆藏清代民间艺人画稿《北京民间风俗百图》）

图 13-4-2　清代张凯、王继明、张启明、屈兆麟绘《普庆升平图》卷之九（绢本设色，纵 38.8 厘米，横 1136.7 厘米，故宫博物院藏）

五、骑竹马

图 13-5-1　金代跑竹马砖雕（山西侯马出土）

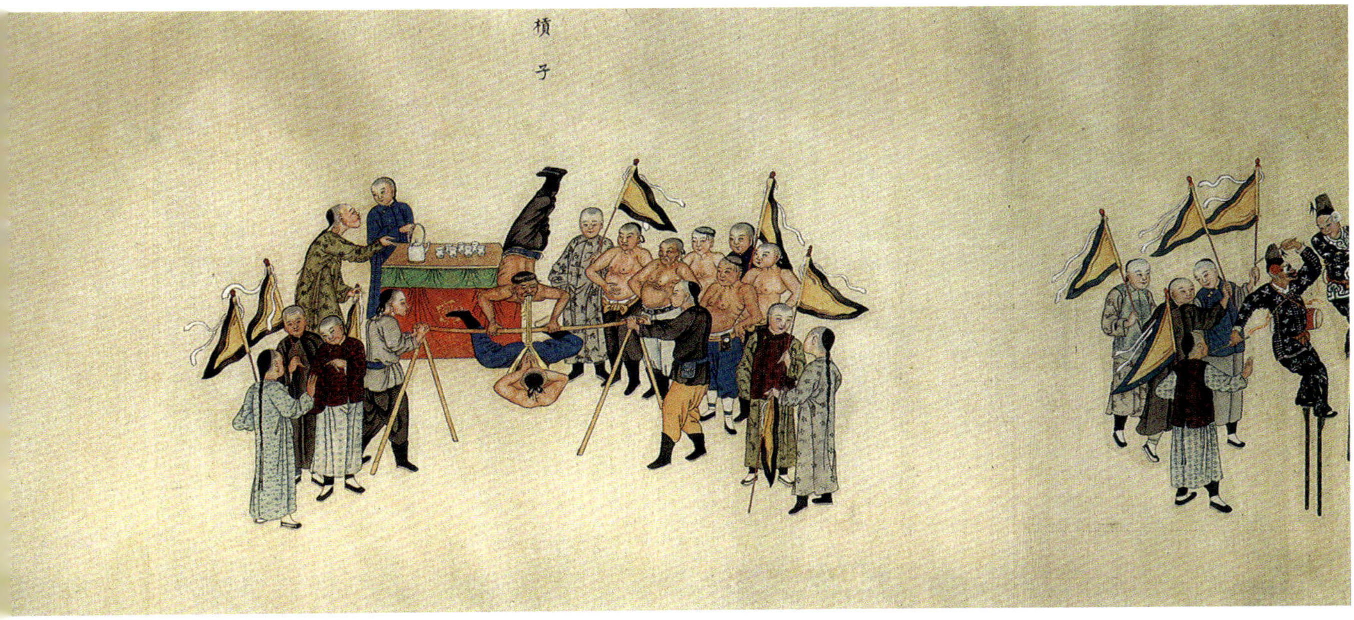

图 13-5-2　宋代童子骑竹马砖雕（山西新绛出土）

图 13-5-3　清代佚名绘《百子图》卷局部骑竹马（绢本设色，纵 30 厘米，横 333 厘米，天津博物馆藏）

六、荡秋千

图 13-6-1　清代佚名绘《百子图》卷局部荡秋千（绢本设色，纵 30 厘米，横 333 厘米，天津博物馆藏）

图 13-6-2　清代陈枚绘《月曼清游图册·杨柳荡千》（故宫博物院藏）

七、踢毽子

图 13-7-1　清代踢毽子（载《北京风俗图谱》）

图 13-7-2 清代跑踢毽子图（选自北京图书馆藏清代民间艺人画稿《北京民间风俗百图》）

八、跳绳

图 13-8-1　汉代跳绳画像石局部（山东嘉祥汉墓出土，中国体育博物馆藏）

图 13-8-2　辽代儿童跳绳图（河北宣化辽代张匡正墓壁画）

九、投壶

图 13-9-1 战国犀足筒形铜投壶（河北平山出土）

图 13-9-2　战国宴乐渔猎攻战纹图壶纹饰中的投壶图（故宫博物院藏）

图 13-9-3　明代佚名绘《宣宗行乐图》卷局部之投壶（故宫博物院藏）

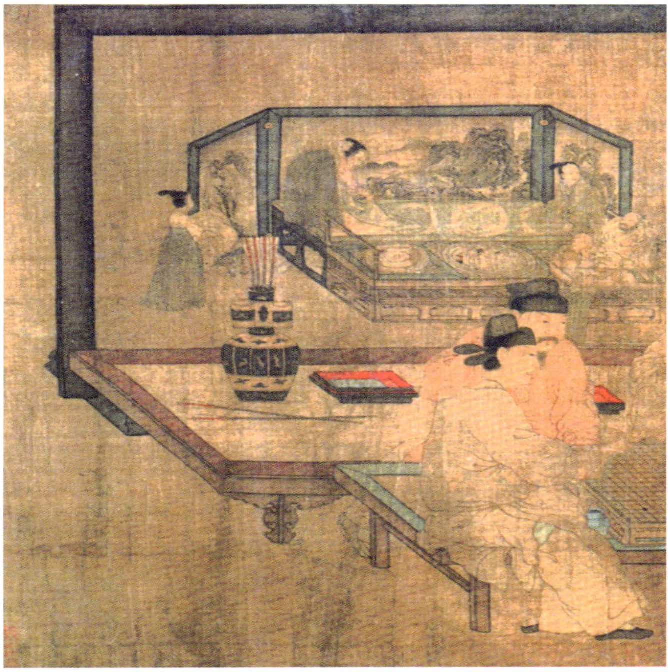

图 13-9-4　五代周文矩《重屏会棋图》卷之投壶（故宫博物院藏）

图 13-9-5 明珐琅彩铜投壶（高 26 厘米，口径 12 厘米，中国体育博物馆藏）

图 13-9-6 明六方形花卉纹铜投壶（高 38.7 厘米，河北博物院藏）

图 13-9-7 明六方形蟠螭纹铜投壶（高 47 厘米，河北博物院藏）

图 13-9-8 明蟠螭纹铜投壶（高 38.5 厘米，河北博物院藏）

图 13-9-9 明蟠螭纹铜投壶（高 49.5 厘米，河北博物院藏）

图 13-9-10　清代 无款《投壶图》轴（绢本设色，纵 120 厘米，横 77 厘米，天津博物馆藏）

图 13-9-11　清代无款《投壶图》轴局部（绢本设色，纵 120 厘米，横 77 厘米，天津博物馆藏）

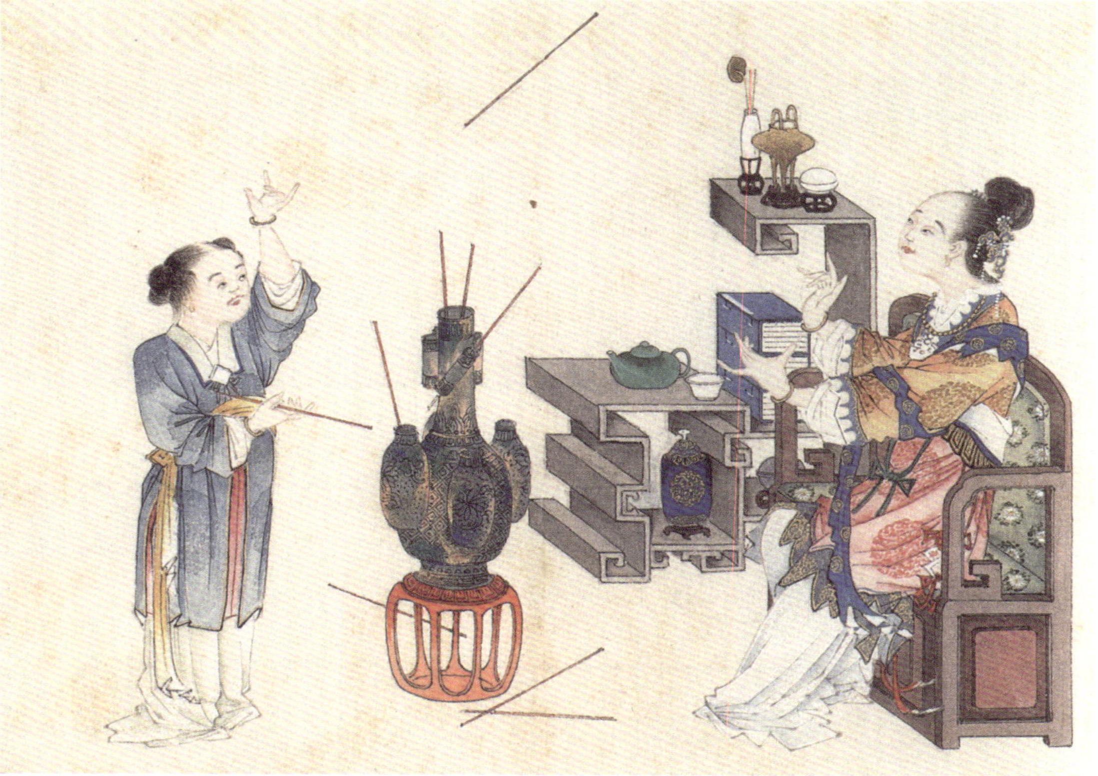

图 13-9-12　清代喻兰绘《仕女清娱图册》之投壶（纸本设色，每开纵 17 厘米，横 2.7 厘米，故宫博物院藏）

图 13-9-13　清代任熊《姚大梅诗意图》册“投壶”图（故宫博物院藏）

十、鞭陀螺

图 13-10-1 明代青花童子鞭陀螺图长方盒（天津博物馆藏）

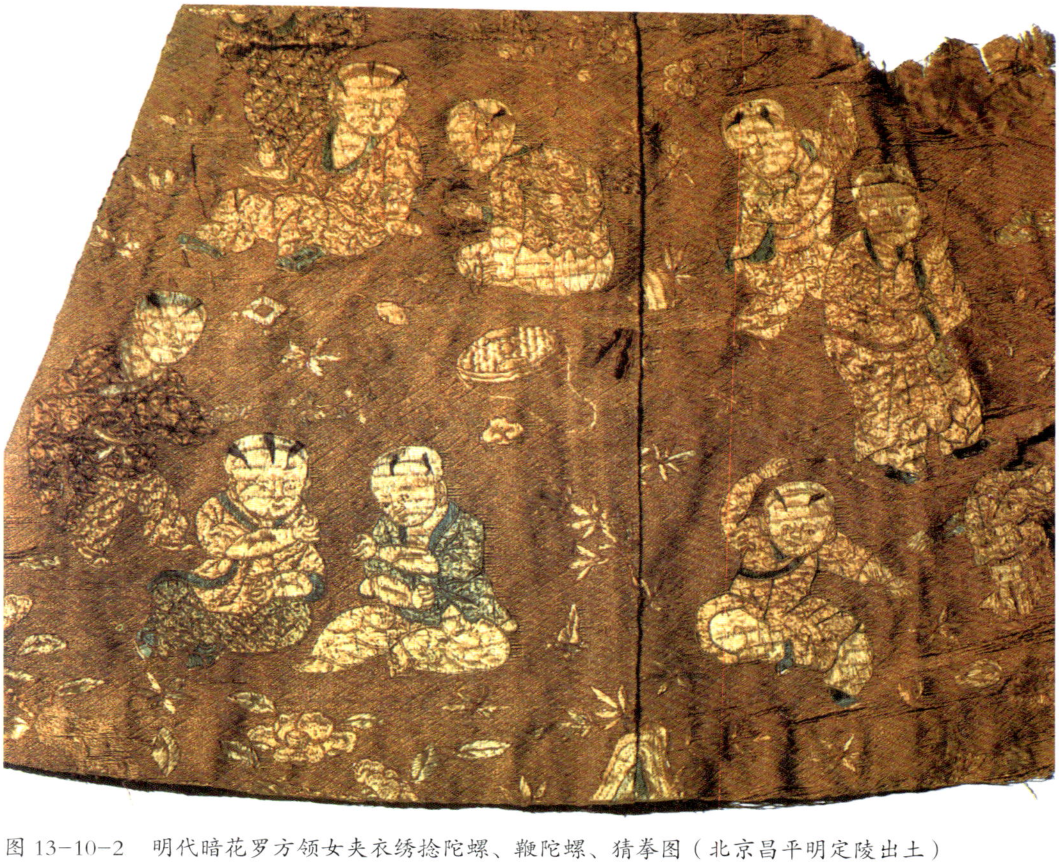

图 13-10-2 明代暗花罗方领女夹衣绣捻陀螺、鞭陀螺、猜拳图（北京昌平明定陵出土）

十一 、舞龙

图 13-11-1　清嘉庆粉彩婴戏图夔龙耳瓶（口径 8.2 厘米，足径 8.4 厘米，高 28 厘米，天津博物馆藏）

图 13-11-2　清嘉庆粉彩婴戏图夔龙耳瓶局部舞龙（口径 8.2 厘米，足径 8.4 厘米，高 28 厘米，天津博物馆藏）

图 13-11-3　清代佚名绘《弘历元宵行乐图》轴（观看舞龙、杂戏等表演）（故宫博物院藏）

图 13-11-4　清代钱慧安绘《百子图》册之舞龙（绢本设色，纵 28 厘米，横 25 厘米，天津博物馆藏）

十二、舞狮

图 13-12-1 宋代佚名绘《百子嬉春图》（故宫博物院藏）

图 13-12-2 清代张恺、王继明、张启明、屈兆麟绘《普庆升平图》（卷）1-6 舞狮（故宫博物院藏）

图版目录

（故宫博物院藏）

图 1–18　清代佚名绘《亲藩习射图》卷（故宫博物院藏）

图 1–19　清代郎世宁绘《乾隆皇帝大阅图》（故宫博物院藏品）

图 1–20　清代宫廷画家绘《康熙帝戎装像》轴（故宫博物院藏）

图 1–21　清代郎世宁绘《允礼像》册页（故宫博物院藏）

图 1–22　清代佚名绘《散秩大臣喀喇巴图鲁阿玉锡像》图轴（绢本设色，纵 185.3 厘米，横 94.7 厘米，天津博物馆藏）

图 1–23　清代佚名绘《北征督运图册》（中国国家博物馆藏）

图 1–24　清代佚名绘《观射图》卷（绢本设色，纵 143.2 厘米，横 62.7 厘米，首都博物馆藏）

图 1–25　清代郎世宁绘《木兰围猎图》（吉美国立亚洲艺术博物馆藏）

图 1–26　清代郎世宁绘《弘历射猎图》轴（绢本设色，纵 115.5 厘米，横 181.4 厘米，故宫博物院藏）

图 1–27　清代郎世宁绘《哨鹿图》轴（绢本设色，纵 267.5 厘米，横 319 厘米，故宫博物院藏）

图 1–28　清代佚名绘《行猎图》卷（纸本设色，纵 136.5 厘米，横 267.7 厘米，首都博物馆藏）

图 1–29　清代佚名绘《僧忠亲王行猎图》卷（纸本设色，纵 114 厘米，横 231 厘米，首都博物馆藏）

图 1–30　清代佚名绘《威弧获鹿图》卷之二（纸本设色，纵 37.4 厘米，横 195.5 厘米，故宫博物院藏）

图 1–31　清代佚名绘《打猎图十二通景屏》（绢本设色，每幅纵 168 厘米，横 52 厘米，首都博物馆藏）

图 1–32　清代佚名绘《打猎图》卷之一（纸本设色，纵 35.3 厘米，横 365.7 厘米，首都博物馆藏）

图 1–33　清代佚名绘《打猎图》卷之二（纸本设色，纵 35.3 厘米，横 365.7 厘米，首都博物馆藏）

图 1–34　清代佚名绘《打猎图》卷之三（纸本设色，纵 35.3 厘米，横 365.7 厘米，首都博物馆藏）

图 1–35　清代吕恒蓭绘《射猎图》卷局部之一（纸本设色，纵 27 厘米，横 313 厘米，天津博物馆藏）

图 1–36　清代吕恒蓭绘《射猎图》卷局部之二（纸本设色，纵 27 厘米，横 313 厘米，天津博物馆藏）

图 1–37　清代吕恒蓭绘《射猎图》卷局部之三（纸本设色，纵 27 厘米，横 313 厘米，天津博物馆藏）

图 1–38　清代吕恒蓭绘《射猎图》卷局部

之四（纸本设色，纵 27 厘米，横 313 厘米，天津博物馆藏）

图 1–39 清代徐扬绘《射粉图》（故宫博物院藏）

图 1–40 清代紫檀嵌螺钿长方形盒（长 26.5 厘米，宽 16.5 厘米，高 10.2 厘米，天津博物馆藏）

图 1–41 清初紫檀木百宝嵌狩猎人物长方匣之一（高 10.2 厘米，长 26.8 厘米，宽 16.8 厘米，故宫博物院藏）

图 1–42 清初竹雕狩猎图笔筒之二（高 17.5 厘米，口径 16.2–15.5 厘米，足径 17–16.5 厘米，故宫博物院藏）

图 1–43 清代御用弓箭（故宫博物院藏）

图 1–44 清代御用弓箭櫜鞬（弓长 174 厘米。附皮签墨书满汉文："圣祖仁皇帝御用通特克面桦棉弓一张，康熙二十一年恭贮。" 故宫博物院藏）

图 1–45 清代御用羽箭（故宫博物院藏）

图 2–1 商代镂孔鹿首青铜短剑（长 32.8 厘米，柄长 14.5 厘米，河北省文物研究所藏）

图 2–2 商代兽面纹铜戈（长 20.6 厘米，内长 5.5 厘米，河北省文物研究所藏）

图 2–3 西周铜双龙钺（长 15 厘米，刃宽 9.7 厘米，内宽 4.4 厘米，山西省临汾市翼城县大河口墓地出土，山西省考古研究所藏）

图 2–4 西周铜直内戟（戈长 22.4 厘米，阑和扁形刺高 33.5 厘米，内宽 4.3 厘米，山西省临汾市翼城县大河口墓地出土，山西省考古研究所藏）

图 2–5 西周云雷纹三角援戈（长 21.1 厘米，阑高 10 厘米，内宽 5.2 厘米，山西省临汾市翼城县大河口墓地出土，山西省考古研究所藏）

图 2–6 西周青铜短剑（长 28.2 厘米，最宽 4.5 厘米，山西省临汾市翼城县大河口墓地出土，山西省考古研究所藏）

图 2–7 西周铜矛（长 20.3 厘米，山西省临汾市翼城县大河口墓地出土，山西省考古研究所藏）

图 2–8 春秋铜戈（长 18.3 厘米，宽 11.4 厘米，天津博物馆藏）

图 2–9 战国齿纹铜銎钺（长 12.5 厘米，1961 年河北省秦皇岛市青龙县抄道沟出土，河北省文物研究所藏）

图 2–10 战国铜戈（长 22.4 厘米，宽 11.6 厘米，天津博物馆藏）

图 2–11 战国铜矛（长 23 厘米，宽 3.7 厘米，天津博物馆藏）

图 2–12 战国铜剑（残长 48 厘米，天津博物馆藏）

图 2–13 东周青铜短剑（长 25 厘米，宽 7 厘米，重 313.51 克，中国武术研究院藏）

图 2–14 东周青铜戈（长 23 厘米，宽 10 厘米，重 134.62 克，中国武术研究院藏）

图 2–15 东周青铜钺（长 8.5 厘米，宽 4.5

厘米，重 121.52 克，中国武术研究院藏）

图 2–16　东周青铜剑（长 54 厘米，宽 4.5 厘米，重 732.74 克，中国武术研究院藏）

图 2–17　东周青铜矛（长 22.5 厘米，宽 3.5 厘米，重 150.04 克，中国武术研究院藏）

图 2–18　汉代犬牙纹柄刀（长 51.5 厘米，宽 4 厘米，天津博物馆藏）

图 2–19　汉代执刀技击肖形印拓本（殷康辑《古图形玺印汇》著录）

图 2–20　汉代执刀盾肖形印拓本（上海博物馆藏）

图 2–21　北齐按盾武士陶俑（河北省平山县三汲乡北齐崔昂墓出土）

图 2–22　南北朝武士陶俑正面（高 25.6 厘米，天津博物馆藏）

图 2–23　元代铁鞭（高 83.5 厘米，宽 4.5 厘米，重 3.23 千克，中国武术研究院藏）

图 2–24　明代铁大刀（长 193.5 厘米，宽 8 厘米，重 2.856 千克，中国武术研究院藏）

图 2–25　明代铜猴头锏（长 70 厘米，宽 4 厘米，重 1.675 千克，中国武术研究院藏）

图 2–26　明代铁制双刀（长 75 厘米，宽 10 厘米，重 1.847 千克，中国武术研究院藏）

图 2–27　明代铜袖锤（长 39.5 厘米，宽 4 厘米，重 0.932 千克，中国武术研究院藏）

图 2–28　明代太子技击图壁画（山西省太原市崇善寺明代壁画，原题《太子共南天国斗武艺》）

图 2–29　明代佚名绘《明宪宗元宵行乐图》卷技击图（中国国家博物馆藏）

图 2–30　清代龙头铜鞭（长 58 厘米，宽 14 厘米，重 1.595 千克，中国武术研究院藏）

图 2–31　清代龙吞口青铜锏（长 72 厘米，宽 6 厘米，重 1.382 千克，中国武术研究院藏）

图 2–32　清代牛角柄黑漆描金龙鞘匕首（长 40.5 厘米，故宫博物院藏）

图 2–33　清代月牙双钩（长 100 厘米，故宫博物院藏）

图 2–34　清代铜护手铁双鞭（长 52 厘米，宽 15.5 厘米，重 2.073 千克，中国武术研究院藏）

图 2–35　清代铜锤（长 58 厘米，故宫博物院藏）

图 2–36　清代铁制鸳月刀（长 90 厘米，宽 17 厘米，重 1.119 千克，中国武术研究院藏）

图 2–37　清代铁制龙泉剑（长 90 厘米，宽 10 厘米，重 1.159 千克，中国武术研究院藏）

图 2–38　清代铁制龙凤大刀（长 218 厘米，宽 17 厘米，重 5.70 千克，中国武术研究院藏）

图 2–39　清代铁制虎头钩（长 88 厘米，宽 20 厘米，重 2.251 千克，中国武术研究院藏）

图 2–40　清代鞘镶翡翠铁剑（长 73 厘米，宽 9.5 厘米，重 0.95 千克，中国武术研究院藏）

图 2–41　清代铁草镰（长 49.5 厘米，宽 5.5 厘米，重 1.176 千克，中国武术研究院藏）

图 2–42　清代铁鸳鸯锏（长 52 厘米，宽 13 厘米，重 1.729 千克，中国武术研究院藏）

图 2-43　清代铁钩镰两刃枪（长 192 厘米，宽 17 厘米，重 2.111 千克，中国武术研究院藏）

图 2-44　清代铁关刀（长 184.5 厘米，宽 19 厘米，重 3.23 千克，中国武术研究院藏）

图 2-45　清代铁钩镰双枪（长 58.5 厘米，宽 16 厘米，重 1.215 千克，中国武术院藏）

图 2-46　清代铁猴爪（长 81 厘米，宽 6.5 厘米，重 0.93 千克，中国武术研究院藏）

图 2-47　清代铁镋（长 130 厘米，宽 37 厘米，重 2.093 千克，中国武术研究院藏）

图 2-48　清代铁火龙枪（长 2106 厘米，重 2.98 千克，中国武术研究院藏）

图 2-49　清代铁链双环棍（长 76 厘米，故宫博物院藏）

图 2-50　清代铁柳叶矛（长 193 厘米，宽 4 厘米，重 1.056 千克，中国武术研究院藏）

图 2-51　清代铁朴刀（长 168.5 厘米，宽 10 厘米，重 2.916 千克，中国武术研究院藏）

图 2-52　清代铁蛇矛（长 192 厘米，宽 22 厘米，重 2.239 千克，中国武术研究院藏）

图 2-53　清代铁双头枪镑（长 211 厘米，宽 59 厘米，重 2.634 千克，中国武术研究院藏）

图 2-54　清代铁飞镖（长 4.5 厘米，宽 4 厘米，重 0.762 千克，中国武术研究院藏）

图 2-55　清代铁链锤（长 10 厘米，宽 5 厘米，重 1.14 千克，中国武术研究院藏）

图 2-56　清代铜双流星锤（长 6 厘米，宽 4 厘米，重 0.762 千克，中国武术研究院藏）

图 2-57　清代武进士匾（长 143 厘米，宽 60 厘米，重 7.003 千克，中国武术研究院藏）

图 2-58　清代哥釉青花童子习武纹鼻烟壶（高 6 厘米，腹径 5 厘米，卧足。图中 16 个神态各异的儿童，形象生动活泼，惟妙惟肖，画工精细。《收藏界》2005 年第 3 期收录）

图 2-59　清代抄本《通背拳书》（长 19.5 厘米，宽 13 厘米，中国武术研究院藏）

图 2-60　清代抄本《武术秘诀》（长 20.5 厘米，宽 24 厘米，中国武术研究院藏）

图 2-61　清代道光二十一年原版影印版《纪效新书》（长 20 厘米，宽 13 厘米，中国武术研究院藏）

图 2-62　清代抄本《严字门拳谱》（长 145.5 厘米，宽 27 厘米，中国武术研究院藏）

图 2-63　清代手抄本《苌氏拳谱》（宽 18 厘米，高 30 厘米，中国武术研究院藏）

图 2-64　清代手抄本《心意拳谱》（宽 25 厘米，高 22 厘米，中国武术研究院藏）

图 2-65　清代手抄本《秀拳拳谱》（宽 14.5 厘米，高 26 厘米，中国武术研究院藏）

图 2-66　清代抄本《齐天大圣七十二势拳谱》（宽 25.5 厘米，高 26.5 厘米，中国武术研究院藏）

图 2-67　清代宣统三年（1911 年）手抄本《吕祖十三剑》（宽 19 厘米，高 22.5 厘米，中国武术研究院藏）

图 2-68　清代《少林技击谱》册封面（纵

25 厘米，横 15.4 厘米，共计 54 页，四川博物院藏）

图 2–69　清代《少林技击谱》册内文一（纵 25 厘米，横 15.4 厘米，共计 54 页，四川博物院藏）

图 2–70　清代雍正年木刻板《张三丰全集》《三丰全书》（宽 14 厘米，高 21 厘米，中国武术研究院藏）

图 2–71　清代李锡保、李三友等编，道光年内府抄本《单刀谱》封面和内页（故宫博物院藏）

图 2–72　清代喻兰绘《仕女清娱图册》之对剑（纸本设色，每开纵 17 厘米，横 22.7 厘米，故宫博物院藏）

图 2–73　清代张恺、王继明、张启明、屈兆麟绘：《普庆升平图》（卷）五虎棍（故宫博物院藏）

图 2–74　清代张恺、王继明、张启明、屈兆麟绘：《普庆升平图》（卷）五虎开路（故宫博物院藏）

图 2–75　清代张恺、王继明、张启明、屈兆麟绘：《普庆升平图》（卷）少林棍（故宫博物院藏）

图 3–1　汉角抵纹肖形印（故宫博物院藏）

图 3–2　北魏浮雕角抵图石砚（1970 年山西省大同市出土）

图 3–3　北魏浮雕角抵图石砚局部（1970 年山西省大同市出土）

图 3–4　宋代相扑图壁画摹本（1977 年山西省晋城市南社宋墓出土）

图 3–5　明代暗花罗方领女夹衣之绣观摔跤图（北京昌平明定陵出土）

图 3–6　明代太子相扑图壁画（山西省太原市崇善寺明代壁画，原题：与南天国争上下国相扑）

图 3–7　清代佚名绘《塞宴四事图》摔跤（故宫博物院藏）

图 3–8　清代木雕摔跤人印版（一套八件）之一（故宫博物院藏）

图 3–9　清代木雕摔跤人印版（一套八件）之二（故宫博物院藏）

图 3–10　清代木雕摔跤人印版（一套八件）之三（故宫博物院藏）

图 3–11　清代木雕摔跤人印版（一套八件）之四（故宫博物院藏）

图 3–12　清代木雕摔跤人印版（一套八件）之五（故宫博物院藏）

图 3–13　清代木雕摔跤人印版（一套八件）之六（故宫博物院藏）

图 3–14　清代木雕摔跤人印版（一套八件）之七（故宫博物院藏）

图 3–15　清代木雕摔跤人印版（一套八件）之八（故宫博物院藏）

图 3–16　清代佚名绘《摔跤图》卷（纵 62 厘米，横 131.2 厘米，首都博物馆藏）

图 3–17　清代佚名绘《百子图》卷局部摔跤（绢本设色，纵 30 厘米，横 333 厘米，天津博物馆藏）

图 6-1-8　宋代蹴鞠纹铜镜（中国国家博物馆藏）

图 6-1-9　宋代苏汉臣绘《长春百子图》卷局部童子蹴鞠（故宫博物院藏）

图 6-1-10　明代五彩蹴鞠图高足碗（中国体育博物馆藏）

图 6-1-11　明代女夹衣百子戏图局部童子蹴鞠（1956—1958 年北京市昌平县明定陵出土）

图 6-1-12　明代佚名绘《宣宗行乐图》卷蹴鞠图（故宫博物院藏）

图 6-1-13　明代王思义续集，清代黄晟重校　清代乾隆年间槐荫草堂刻本《三才图绘》（故宫博物院藏）

图 6-1-14　清代蹴鞠图五彩瓷坛盖（中国体育博物馆藏）

图 6-1-15　清代蹴鞠图漆绘铜牌（中国体育博物馆藏）

图 6-1-16　清佚名绘《蹴鞠图》册（中国体育博物馆藏）

图 6-1-17　清代民间艺人画稿《北京民间风俗百图》石球图（北京图书馆藏）

图 6-1-18　清代黄慎绘《蹴鞠图》轴（绢本设色，纵 116.5 厘米，横 125.5 厘米，天津博物馆藏）

图 6-2-1　唐代打马球画像菱花镜（故宫博物院藏）

图 6-2-2　唐代彩绘打马球俑之一（吉美国立亚洲艺术博物馆藏）

图 6-2-3　唐代彩绘打马球俑之二（吉美国立亚洲艺术博物馆藏）

图 6-2-4　唐代彩绘打马球俑之三（吉美国立亚洲艺术博物馆藏）

图 6-2-5　唐代彩绘打马球俑之四（吉美国立亚洲艺术博物馆藏）

图 6-2-6　唐代彩绘打马球俑之五（吉美国立亚洲艺术博物馆藏）

图 6-2-7　唐代彩绘打马球俑之六（吉美国立亚洲艺术博物馆藏）

图 6-2-8　宋代打马球画像砖（中国体育博物馆藏）

图 6-2-9　宋代打马球图壁画（河北省邢台市巨鹿县宋代壁画墓出土）

图 6-2-10　宋代佚名绘《明皇击鞠图》局部之一（辽宁省博物馆藏）

图 6-2-11　宋代佚名绘《明皇击鞠图》局部之二（辽宁省博物馆藏）

图 6-2-12　宋代佚名绘《明皇击鞠图》局部之三（辽宁省博物馆藏）

图 6-2-13　明代佚名临《宋人击球图》（英国维多利亚·阿尔贝蒂博物馆藏）

图 6-2-14　辽代陈及之绘《便桥会盟图》局部打马球（故宫博物院藏）

图 6-2-15　金代打马球画像砖雕之一（山西省襄汾县曲里村出土）

图 6-2-16　金代打马球画像砖雕之二（山西省襄汾县曲里村出土）

图 7–11 清代佚名绘《十二度按摩导引养生秘法》之壮精神法第二（中国医史博物馆藏）

图 7–12 清代佚名绘《十二度按摩导引养生秘法》之运气法第三（中国医史博物馆藏）

图 7–13 清代佚名绘《十二度按摩导引养生秘法》之散毒法第六（中国医史博物馆藏）

图 7–14 清代佚名绘《十二度按摩导引养生秘法》之养血脉法第十（中国医史博物馆藏）

图 7–15 清代佚名绘《十二度按摩导引养生秘法》之理胃法第十二（中国医史博物馆藏）

图 7–16 清代佚名绘《调气炼外丹图式》第一套第一式（中国医史博物馆藏）

图 7–17 清代佚名绘《调气炼外丹图式》第一套第一式文字说明（中国医史博物馆藏）

图 7–18 清代佚名绘《调气炼外丹图式》第一套第二式（中国医史博物馆藏）

图 7–19 清代佚名绘《调气炼外丹图式》第一套第二式文字说明（中国医史博物馆藏）

图 7–20 清代佚名绘《调气炼外丹图式》第一套第三式文字说明（中国医史博物馆藏

图 7–21 清代佚名绘《调气炼外丹图式》第一套第三式（中国医史博物馆藏）

图 7–22 清代佚名绘《调气炼外丹图式》第一套第四式文字说明（中国医史博物馆藏）

图 7–23 清代佚名绘《调气炼外丹图式》第一套第四式（中国医史博物馆藏）

图 7–24 清代佚名绘《调气炼外丹图式》第一套第五式（中国医史博物馆藏）

图 7–25 清代佚名绘《调气炼外丹图式》第一套第五式文字说明（中国医史博物馆藏）

图 7–26 清代佚名绘《调气炼外丹图式》第二套第一式（中国医史博物馆藏）

图 7–27 清代佚名绘《调气炼外丹图式》第二套第一式文字说明（中国医史博物馆藏）

图 7–28 清代佚名绘《调气炼外丹图式》第二套第二式文字说明（中国医史博物馆藏）

图 7–29 清代佚名绘《调气炼外丹图式》第二套第二式（中国医史博物馆藏）

图 7–30 清代佚名绘《调气炼外丹图式》第二套第三式文字说明（中国医史博物馆藏）

图 7–31 清代佚名绘《调气炼外丹图式》第二套第三式（中国医史博物馆藏）

图 7–32 清代佚名绘《调气炼外丹图式》第二套第四式（中国医史博物馆藏）

图 7–33 清代佚名绘《调气炼外丹图式》第二套第四式文字说明（中国医史博物馆藏）

图 7–34 清代佚名绘《调气炼外丹图式》第二套第五式（中国医史博物馆藏）

图 7–35 清代佚名绘《调气炼外丹图式》第二套第五式文字说明（中国医史博物馆藏）

图 7–36 清代佚名绘《调气炼外丹图式》第三套第一式文字说明（中国医史博物馆藏）

图 7–37 清代佚名绘《调气炼外丹图式》第三套第一式（中国医史博物馆藏）

图 7–38 清代佚名绘《调气炼外丹图式》第三套第二式文字说明（中国医史博物馆藏）

图 7-39　清代佚名绘《调气炼外丹图式》第三套第二式（中国医史博物馆藏）

图 7-40　清代佚名绘《调气炼外丹图式》第三套第三式（中国医史博物馆藏）

图 7-41　清代佚名绘《调气炼外丹图式》第三套第三式文字说明（中国医史博物馆藏）

图 7-42　清代佚名绘《调气炼外丹图式》第三套第四式（中国医史博物馆藏）

图 7-43　清代佚名绘《调气炼外丹图式》第三套第四式文字说明（中国医史博物馆藏）

图 7-44　清代佚名绘《调气炼外丹图式》第三套第五式文字说明（中国医史博物馆藏）

图 7-45　清代佚名绘《调气炼外丹图式》第三套第五式（中国医史博物馆藏）

图 7-46　清代木刻板《性命圭旨》（长 25 厘米，宽 30.5 厘米，中国武术研究院藏）

图 7-47　清代同治年木刻版《易筋经》（长 11 厘米，宽 18.5 厘米，中国武术研究院藏）

图 7-48　清代宣统三年（1911 年）手抄本《练气论》（长 13.5 厘米，宽 17 厘米，中国武术研究院藏）

图 8-1-1　元代佚名绘《龙舟夺标图》卷局部之水秋千（故宫博物院藏）

图 8-1-2　清代袁江绘《观潮图》（故宫博物院藏）

图 8-1-3　清代佚名绘《云南猡罗图说》之戏水（故宫博物院藏）

图 8-1-4　清代钱慧安绘《百子图》册之戏水（绢本设色，纵 28 厘米，横 25 厘米，天津博物馆藏）

图 8-2-1　战国宴乐渔猎攻战纹铜壶局部纹饰展开图（故宫博物院藏）

图 8-2-2　东晋顾恺之绘《洛神赋图》卷局部（图纵 27.1 厘米，横 572.8 厘米，故宫博物院藏）

图 8-2-3　宋代张择端绘《金明池争标图》页（绢本设色，纵 28.5 厘米，横 28.6 厘米，天津博物馆藏）

图 8-2-4　元代佚名绘《龙舟夺标图》卷（故宫博物院藏）

图 8-2-5　元代王振鹏绘《龙池竞渡》页（故宫博物院藏）

图 8-2-6　元代吴延晖绘《龙舟夺标图》（故宫博物院藏）

图 8-2-7　明代无款《龙舟图》页（绢本设色，纵 30 厘米，横 30 厘米，天津博物馆藏）

图 8-2-8　明代剔彩龙舟图荷叶式盘（故宫博物院藏）

图 8-2-9　清代罗福旼绘《清明上河图》卷（纵 12.5 厘米，横 332.2 厘米，故宫博物院藏）

图 8-2-10　清代宫廷画家绘《平定安南战图册 · 富良江之战》（故宫博物院藏）

图 8-2-11　明代张宏绘《竞渡图》（首都博物馆藏）

图 8-2-12　清代宫廷画家绘《雍正十二月行乐图》轴之《五月竞舟》（故宫博物院藏）

图 8-2-13　清代佚名绘《龙舟盛会图》局部（故宫博物院藏）

图 8-2-14　清代佚名绘《十二月令图》局部（故宫博物院藏）

图 8-2-15　清代徐扬绘《端阳故事图》册之《观竞渡》（故宫博物院藏）

图 8-2-16　清代粉彩雕瓷龙舟（故宫博物院藏）

图 8-2-17　清代剔彩百子晬盘（故宫博物院藏）

图 8-2-18　清代焦秉贞绘《仕女图》册之六 划船（故宫博物院藏）

图 8-2-19　清代冷枚绘《十宫词图》册之三 龙舟（绢本设色，每开纵 33.4，横 29 厘米，故宫博物院藏）

图 8-2-20　清道光粉彩百子戏龙舟图瓶（高 27 厘米，口径 7.7 厘米，足径 8 厘米，故宫博物院）

图 9-1　清代姚文瀚绘《紫光阁赐宴图》卷四之一（绢本设色，纵 45.7 厘米，横 486.5 厘米，故宫博物院藏）

图 9-2　清代姚文瀚、张为邦绘《冰嬉图》卷·转龙射球（故宫博物院藏）

图 9-3　清代姚文瀚绘《紫光阁赐宴图》卷四之二（绢本设色，纵 45.7 厘米，横 486.5 厘米，故宫博物院藏）

图 9-4　清代金昆、程志道、福隆安绘《冰嬉图》卷之一（纵 35 厘米，横 578.8 厘米，故宫博物院藏）

图 9-5　清代金昆、程志道、福隆安绘《冰嬉图》卷之二（纵 35 厘米，横 578.8 厘米，故宫博物院藏）

图 9-6　清代金昆、程志道、福隆安绘《冰嬉图》卷之三（纵 35 厘米，横 578.8 厘米，故宫博物院藏）

图 9-7　清代金昆、程志道、福隆安绘《冰嬉图》局部，绢本设色纵 35 厘米，横 578.8 厘米，故宫博物院藏（选自邵文良《中国古代体育文物图集》图 147）

图 9-8　清代金昆、程志道、福隆安绘《冰嬉图》卷局部

图 9-9　清代金昆、程志道、福隆安绘《冰嬉图》卷局部

图 9-10　清代宫中冰嬉活动滑冰兵士所执蓝缎绣“东岳”旗（竖边 152 厘米，底边 185 厘米，斜边 251 厘米，故宫博物院藏）

图 9-11　清代宫中冰嬉活动滑冰兵士所执白缎绣“西岳”旗（竖边 152 厘米，底边 185 厘米，斜边 251 厘米，故宫博物院藏）

图 9-12　清代宫中冰嬉活动滑冰兵士所执红缎绣“南岳”旗（竖边 152 厘米，底边 185 厘米，斜边 251 厘米，故宫博物院藏）

图 9-13　清代宫中冰嬉活动滑冰兵士所执青缎绣“北岳”旗（竖边 152 厘米，底边 185 厘米，斜边 251 厘米，故宫博物院藏）

图 9-14　清代宫中冰嬉活动滑冰兵士所执

黄缎绣“中岳”旗（竖边152厘米，底边185厘米，斜边251厘米，故宫博物院藏）

图 9–15　清代宫中冰嬉活动滑冰兵士所执白缎绣云旗（竖边 152 厘米，底边 192 厘米，斜边 251 厘米，故宫博物院藏）

图 9–16　清代宫中冰嬉活动滑冰兵士所执红缎绣云旗（竖边 152 厘米，底边 192 厘米，斜边 251 厘米，故宫博物院藏）

图 9–17　清代宫中冰嬉活动滑冰兵士所执黄缎绣云旗（竖边 152 厘米，底边 192 厘米，斜边 251 厘米，故宫博物院藏）

图 9–18　清代宫中冰嬉活动滑冰兵士所执蓝缎绣云旗（竖边 152 厘米，底边 192 厘米，斜边 251 厘米，故宫博物院藏）

图 9–19　清代宫中冰嬉活动滑冰兵士所执青缎绣云旗（竖边 152 厘米，底边 192 厘米，斜边 251 厘米，故宫博物院藏）

图 9–20　清代宫廷画家绘《崇庆皇太后圣寿庆典图》卷之溜冰床、冰车等（故宫博物院藏）

图 9–21　清代晚期冰鞋（长 41.8 厘米，故宫博物院藏）

图 9–22　清代佚名绘《雍正十二月行乐图》轴中的冰嬉场面（故宫博物院藏）

图 9–23　清代拖床冰嬉图（选自《北京风俗图谱》）

图 9–24　清代拉冰床风俗图（选自北京图书馆藏清代民间艺人画稿《北京民间风俗百图》）

图 9–25　清代丁观鹏等绘《皇清职贡图卷》之赫哲族人滑冰床（故宫博物院藏）

图 10–1　汉代观伎画像砖（国家博物馆藏）

图 10–2　北魏齿上橦技弄丸百戏石棺浮雕（山西榆社出土）

图 10–3　北魏百戏图石浮雕（山西省沁县石窟寺）

图 10–4　南宋傀儡戏画像镜　国家博物馆藏（载《中国文物精华大辞典 · 青铜卷》

图 10–5　明代佚名绘《明宪宗元宵行乐图》卷　戴竿（中国历史博物馆藏）

图 10–6　明代佚名绘《明宪宗元宵行乐图》卷局部 顶人奏乐（国家博物馆藏）

图 10–7　明代佚名绘《明宪宗元宵行乐图》卷中的倒立奏乐（国家博物馆藏）

图 10–8　明代佚名绘《明宪宗元宵行乐图》卷中的蹬轮奏乐图（国家博物馆藏）

图 10–9　明代佚名绘《明宪宗元宵行乐图》卷中的钻圈图（国家博物馆藏）

图 10–10　清代张宏绘《杂技游戏图》（一）（故宫博物院藏）

图 10–11　清代张宏绘《杂技游戏图》（二）（故宫博物院藏）

图 10–12　清代张宏绘《杂技游戏图》（三）（故宫博物院藏）

图 10–13　清代张宏绘《杂技游戏图》（四）（故宫博物院藏）

图 10–14　清代张凯、王继明、张启明、屈兆麟绘《普庆升平图》卷之一（绢本设色，

纵 38.8 厘米，横 1136.7 厘米，故宫博物院藏）

图 10–15　清代张凯、王继明、张启明、屈兆麟绘《普庆升平图》卷之三（绢本设色，纵 38.8 厘米，横 1136.7 厘米，故宫博物院藏）

图 10–16　清代张凯、王继明、张启明、屈兆麟绘《普庆升平图》卷之四（绢本设色，纵 38.8 厘米，横 1136.7 厘米，故宫博物院藏）

图 10–17　清代张凯、王继明、张启明、屈兆麟绘《普庆升平图》卷之五（绢本设色，纵 38.8 厘米，横 1136.7 厘米，故宫博物院藏）

图 10–18　清代张凯、王继明、张启明、屈兆麟绘《普庆升平图》卷之六（绢本设色，纵 38.8 厘米，横 1136.7 厘米，故宫博物院藏）

图 10–19　清代张凯、王继明、张启明、屈兆麟绘《普庆升平图》卷之七（绢本设色，纵 38.8 厘米，横 1136.7 厘米，故宫博物院藏）

图 10–20　清代张凯、王继明、张启明、屈兆麟绘《普庆升平图》卷之九（绢本设色，纵 38.8 厘米，横 1136.7 厘米，故宫博物院藏）

图 10–21　清代中期莫纪成象牙雕榴开百戏背面（高 5.3 厘米，腹径 5.7 厘米，故宫博物院藏）

图 10–22　清代乾隆时期雕漆儿童杠子图瓶（高 36.5 厘米，腹围 79 厘米，天津博物馆藏）

图 10–23　清代乾隆时期雕漆儿童杠子图瓶局部图（高 36.5 厘米，腹围 79 厘米，天津博物馆藏）

图 10–24　清代练皮条杠子图（选自北京图书馆藏清代民间艺人画稿《北京民间风俗百图》）

图 10–25　清代蹬梯子图（选自北京图书馆藏清代民间艺人画稿《北京民间风俗百图》）

图 10–26　清代顶宝塔碗图（选自北京图书馆藏清代民间艺人画稿《北京民间风俗百图》）

图 10–27　清代翻跟头图（选自北京图书馆藏清代民间艺人画稿《北京民间风俗百图》）

图 10–28　清代耍钢叉图（选自北京图书馆藏清代民间艺人画稿《北京民间风俗百图》）

图 10–29　清代钻火圈图（选自北京图书馆藏清代民间艺人画稿《北京民间风俗百图》）

图 10–30　清代耍坛子图（选自北京图书馆藏清代民间艺人画稿《北京民间风俗百图》）

图 11–1–1　东汉石围棋盘（1952 年河北省望都东汉墓出土）

图 11–1–2　北魏二人对弈石雕（山西省沁县烂柯山出土）

图 11–1–3　唐代石质围棋子（中国体育博物馆藏）

图 11–1–4　五代周文矩绘《重屏会棋图》卷（故宫博物院藏）

图 11–1–5　宋代围棋（白釉钵内装白色围棋子 200 个，鹤煤集团古典艺术博物馆藏）

图 11–1–6　宋代围棋（黑釉钵内装黑色围棋子 200 个，鹤煤集团古典艺术博物馆藏）

图 11–1–7　辽代三老对弈图（河北宣化辽代张文藻墓壁画）

图 11-1-8　金代五子观弈人物铜镜（首都博物馆藏）

图 11-1-9　元代红白玛瑙围棋子（北京市西城区新街口豁口出土，首都博物馆藏）

图 11-1-10　元代弈棋壁画（山西洪洞水神庙壁画）

图 11-1-11　明代仇英绘《汉宫春晓图》卷局部之一（绢本设色，纵 28 厘米，横 486 厘米，天津博物馆藏）

图 11-1-12　明代佚名绘《棋乐图》卷局部之三（每幅纵 30 厘米，横 83.5 厘米，河南博物院藏）

图 11-1-13　明代佚名绘《五老观棋图》轴（绢本设色，纵 141.8 厘米，横 81 厘米，首都博物馆藏）

图 11-1-14　明代尤求绘《围棋报捷图》轴（纸本墨笔，纵 115.4 厘米，横 30.8 厘米，天津博物馆藏）

图 11-1-15　明代紫檀雕十八学士长方盒（中国国家博物馆藏）

图 11-1-16　明代料石围棋（中国体育博物馆藏）

图 11-1-17　明代漆绘围棋木屏风（中国体育博物馆藏）

图 11-1-18　明代黄花梨活面带屉围棋桌（故宫博物院藏）

图 11-1-19　清代陈枚绘《月曼清游图册·闲庭对弈》（故宫博物院藏）

图 11-1-20　清代刘融绘《溪山对弈图》轴局部（绢本设色，纵 166 厘米，横 96 厘米，天津博物馆藏）

图 11-1-21　清代钱慧安绘《百子图》册之弈棋（绢本设色，纵 28 厘米，横 25 厘米，天津博物馆藏）

图 11-1-22　清代徐扬绘《山斋对弈图》轴（纸本设色，纵 139.8 厘米，横 51.6 厘米，故宫博物院藏）

图 11-1-23　清代王翚等绘《康熙南巡图》局部之下围棋（故宫博物院藏）

图 11-1-24　清代佚名绘《百子图》卷局部围棋（绢本设色，纵 30 厘米，横 333 厘米，天津博物馆藏）

图 11-1-25　清代佚名绘《观棋谱图》轴（纸本设色，纵 64 厘米，横 41.7 厘米，首都博物馆藏）

图 11-1-26　清代佚名绘《孝钦后弈棋图》轴（故宫博物院藏）

图 11-1-27　清代张明山制作《下棋》彩塑（高 33 厘米，天津博物馆藏）

图 11-1-28　清代康熙青花纹会棋图碗（围棋）（口径 20.4 厘米，底径 8.9 厘米，高 9.6 厘米，天津博物馆藏）

图 11-1-29　清雍正粉彩仕女对弈图瓶（口径 11.8 厘米，高 41.7 厘米，天津博物馆藏）

图 11-1-30　清中期制围棋纹提梁银虎（故宫博物院藏）

图 11-1-31　清初竹雕竹林七贤笔筒图案

之抚琴、侍童（高 17.3 厘米，口径 13.7 厘米，故宫博物院藏）

图 11–1–32　清代园林围棋人物纹嵌铜黑漆箱盖面（长 47.5 厘米，宽 22 厘米，高 10.5 厘米，故宫博物院藏）

图 11–1–33　清代黄杨木雕东山报捷图（对弈）笔筒之二（高 17.8 厘米，口径 13.5–8.5 厘米，故宫博物院藏）

图 11–1–34　清代玉围棋（故宫博物院藏品）

图 11–1–35　清代工雕漆炕式围棋枰（北京雕漆厂藏）

图 11–2–1　宋代铜质象棋子（中国体育博物馆藏）

图 11–2–2　明代象牙雕象棋（此棋为完整的一副，材质硕大，包浆温润。正面以红、绿二色刻填工整楷书车、马、炮等字。《收藏界》2005 年第 4 期收录）

图 11–2–3　清代象牙象棋（故宫博物院藏）

图 11–2–4　清代乾隆仿哥釉象棋子（故宫博物院藏）

图 11–2–5　清代玉质象棋（故宫博物院藏）

图 11–2–6　清代象棋（中国体育博物馆藏）

图 11–2–7　清代玉质象棋（故宫博物院藏）

图 11–2–8　清代下象棋图（选自北京图书馆藏清代民间艺人画稿《北京民间风俗百图》）

图 11–2–9　清晚期纸质象棋盘（故宫博物院藏）

图 11–3–1　战国陶骰子（1930 年河北省易县燕下都出土）

图 11–3–2　战国石棋子（河北中山王族 3 号墓出土，河北省文物研究所藏）

图 11–3–3　战国石雕六博棋盘（河北中山王墓出土）

图 11–3–4　西汉六博牙棋及牙棋拓片（1975 年北京丰台大葆台西汉墓出土）

图 11–3–5　东汉博局纹人物画像镜（故宫博物院藏）

图 11–4–1　宋代洪遵著《谱双》中的大食双陆图

图 11–4–2　元代《事林广记·双陆图》（中国国家图书馆藏书）

图 11–4–3　清代任熊《姚大梅诗意图》册双陆图（故宫博物院藏）

图 11–4–4　清代玉双陆棋（黑白各十五枚，高 8 厘米，直径 1.7 厘米，故宫博物院藏）

图 11–4–5　明清时期的双陆局和双陆棋子（故宫博物院藏）

图 12–1–1　商代犀牛纹弓形器（长 36.8 厘米，宽 3.5 厘米，河北省秦皇岛市卢龙县东阙各庄出土，河北省文物研究所藏）

图 12–1–2　西周青铜车銮（高 17.5 厘米，口径 2.4 厘米 ×1.9 厘米，北京市房山区琉璃河遗址出土，首都博物馆藏）

图 12–1–3　西周青铜车軎、车辖（车軎通高 12.5 厘米，顶径 4.8 厘米，底径 5.6 厘米，

车辖通长 11.4 厘米，宽 3.5 厘米，山西省临汾市翼城县大河口墓地出土，山西省考古研究所藏）

图 12–1–4　西周青铜车辖（长 11.6 厘米，北京市房山区琉璃河遗址出土，首都博物馆藏）

图 12–1–5　西周青铜当卢（左高 19.5 厘米，最宽 10.2 厘米，鼻梁宽 4.7 厘米；右高 18.7 厘米，最宽 9.5 厘米，鼻梁宽 4.2 厘米。山西省临汾市翼城县大河口墓地出土，山西省考古研究所藏）

图 12–1–6　西周青铜铃（高 10.5 厘米，铣间距 8.6 厘米，山西省临汾市翼城县大河口墓地出土，山西省考古研究所藏）

图 12–1–7　东汉车马出行图局部之一（河北省安平县逯家庄东汉壁画墓出土）

图 12–1–8　东汉车马出行图局部之二（河北省安平县逯家庄东汉壁画墓出土）

图 12–1–9　东汉车马出行图局部之三（河北省安平县逯家庄东汉壁画墓出土）

图 12–1–10　东晋顾恺之（宋摹）《洛神赋图》卷局部（图纵 27.1 厘米，横 572.8 厘米，故宫博物院藏）

图 12–2–1　唐（传）佚名《游骑图》卷（故宫博物院藏）

图 12–2–2　汉代青铜马镫（高 12.5 厘米，天津博物馆藏）

图 12–2–3　宋代磁州窑白底黑花马术纹枕正面（高 12 厘米，长 29 厘米，宽 21 厘米，故宫博物院藏）

图 12–2–4　辽代陈及之《便桥会盟图》中描写的唐代马戏图局部之三（故宫博物院藏）

图 12–2–5　辽代陈及之《便桥会盟图》中描写的唐代马戏图局部之四（故宫博物院藏）

图 12–2–6　辽代陈及之《便桥会盟图》中描写的唐代马戏图局部之六（故宫博物院藏）

图 12–2–7　明代太子走象奔马图壁画（山西省太原市崇善寺明代壁画，原题：太子走象奔马）

图 12–2–8　清代佚名绘《风俗小品图册·杂技跑马》（故宫博物院藏）

图 12–2–9　清代郎世宁等绘《马术图》横轴（故宫博物院藏）

图 12–2–10　清代郎世宁、金昆、丁观鹏、程志道、李慧林绘《木兰图卷·马伎》轴（法国吉美博物馆藏）

图 12–2–11　清代佚名绘《赛马图》卷局部之一（纵 30.2 厘米，横 228.5 厘米，四川博物院藏）

图 12–2–12　清代佚名绘《赛马图》卷局部之二（纵 30.2 厘米，横 228.5 厘米，四川博物院藏）

图 12–2–13　清康熙青花仕女赛马图棒槌瓶（口径 11.3 厘米，底径 11.3 厘米，高 46 厘米，河北博物院藏）

图 12–2–14　清代铁马镫（宽 18.2 厘米，天津博物馆藏）

图 12–2–15　清红皮嵌画珐琅橐鞬（长 29

厘米，宽 17 厘米，鞬长 82 厘米，故宫博物院藏）

图 12–2–16　清代铜马镫（高 14.5 厘米，最宽 12.1 厘米，首都博物馆藏）

图 12–2–17　清代木把镶银马鞭（长 93 厘米，故宫博物院藏）

图 13–1–1　南朝贵妇出游画像砖（国家博物馆藏）

图 13–1–2　隋代展子虔《游春图》卷（故宫博物院藏）

图 13–1–3　南宋佚名绘《春游晚归图》（故宫博物院藏）

图 13–2–1　清代任熊绘《姚大梅诗意图》册“牧童风筝”图（北京故宫博物院藏）

图 13–1–3　南宋佚名绘《春游晚归图》（故宫博物院藏）

图 13–2–1　清代任熊绘《姚大梅诗意图》册“牧童风筝”图（北京故宫博物院藏）

图 13–2–2　清代高桐轩制杨柳青年画《春风得意》（纵 59.5 厘米，横 109.5 厘米，天津博物馆藏）

图 13–2–3　清代钱慧安绘《百子图》册之放风筝（绢本设色，纵 28 厘米，横 25 厘米，天津博物馆藏）

图 13–2–4　清代放风筝图（选自北京图书馆藏清代民间艺人画稿《北京民间风俗百图》）

图 13–2–5　清代十美放风筝（杨柳青年画）

图 13–3–1　清代张恺、王继明、张启明、屈兆麟绘：《普庆升平图》（卷）1–4 踩高跷（故宫博物院藏）

图 13–3–2　明代《南都繁绘图》卷之踩高跷局部（国家博物馆藏）

图 13–4–1　清代跑旱船图（选自北京图书馆藏清代民间艺人画稿《北京民间风俗百图》）

图 13–4–2　清代张凯、王继明、张启明、屈兆麟绘《普庆升平图》卷之九（绢本设色，纵 38.8 厘米，横 1136.7 厘米，故宫博物院藏）

图 13–5–1　金代跑竹马砖雕（山西侯马出土）

图 13–5–2　宋代童子骑竹马砖雕（山西新绛出土）

图 13–5–3　清代佚名绘《百子图》卷局部骑竹马（绢本设色，纵 30 厘米，横 333 厘米，天津博物馆藏）

图 13–6–1　清代佚名绘《百子图》卷局部荡秋千（绢本设色，纵 30 厘米，横 333 厘米，天津博物馆藏）

图 13–6–2　清代陈枚绘《月曼清游图册·杨柳荡千》（故宫博物院藏）

图 13–7–1　清代踢毽子（载《北京风俗图谱》）

图 13–7–2　清代跑踢毽子图（选自北京图书馆藏清代民间艺人画稿《北京民间风俗百图》）

图 13–8–1　汉代跳绳画像石局部（山东嘉祥汉墓出土，中国体育博物馆藏）

图 13–8–2　辽代儿童跳绳图（河北宣化辽代张匡正墓壁画）

图 13–9–1 战国犀足筒形铜投壶（河北平山出土）

图 13–9–2 战国宴乐渔猎攻战纹图壶纹饰中的投壶图（故宫博物院藏）

图 13–9–3 明代佚名绘《宣宗行乐图》卷局部之投壶（故宫博物院藏）

图 13–9–4 五代周文矩《重屏会棋图》卷之投壶（故宫博物院藏）

图 13–9–5 明珐琅彩铜投壶（高 26 厘米，口径 12 厘米，中国体育博物馆藏）

图 13–9–6 明六方形花卉纹铜投壶（高 38.7 厘米，河北博物院藏）

图 13–9–7 明六方形蟠螭纹铜投壶（高 47 厘米，河北博物院藏）

图 13–9–8 明蟠螭纹铜投壶（高 38.5 厘米，河北博物院藏）

图 13–9–9 明蟠螭纹铜投壶（高 49.5 厘米，河北博物院藏）

图 13–9–10 清代 无款《投壶图》轴（绢本设色，纵 120 厘米，横 77 厘米，天津博物馆藏）

图 13–9–11 清代无款《投壶图》轴局部（绢本设色，纵 120 厘米，横 77 厘米，天津博物馆藏）

图 13–9–12 清代喻兰绘《仕女清娱图册》之投壶（纸本设色，每开纵 17 厘米，横 2.7 厘米，故宫博物院藏）

图 13–9–13 清代任熊《姚大梅诗意图》册“投壶”图（故宫博物院藏）

图 13–10–1 明代青花童子鞭陀螺图长方盒（天津博物馆藏）

图 13–10–2 明代暗花罗方领女夹衣绣捻陀螺、鞭陀螺、猜拳图（北京昌平明定陵出土）

图 13–11–1 清嘉庆粉彩婴戏图夔龙耳瓶（口径 8.2 厘米，足径 8.4 厘米，高 28 厘米，天津博物馆藏）

图 13–11–2 嘉庆粉彩婴戏图夔龙耳瓶局部舞龙（口径 8.2 厘米，足径 8.4 厘米，高 28 厘米，天津博物馆藏）

图 13–11–3 清代佚名绘《弘历元宵行乐图》轴（观看舞龙、杂戏等表演）（故宫博物院藏）

图 13–11–4 清代钱慧安绘《百子图》册之舞龙（绢本设色，纵 28 厘米，横 25 厘米，天津博物馆藏）

图 13–12–1 宋代佚名绘《百子嬉春图》（故宫博物院藏）

图 13–12–2 清代张恺、王继明、张启明、屈兆麟绘《普庆升平图》（卷）1– 6 舞狮（故宫博物院藏）

参考文献

（清）陈介祺．十钟山房印举．涵芬楼石印本，1923.

陈万里，陶枕．北京：朝花美术出版社，1954.

郑振铎，张珩，徐邦达．宋人画册．北京：中国古典艺术出版社，1957.

陈万里．陶俑．北京：中国古典艺术出版社，1957.

中华人民共和国出土文物展览工作委员会．中华人民共和国出土文物选．北京：文物出版社，1976.

山西云冈石窟文物保管所．云冈石窟．北京：文物出版社，1973.

《故宫博物院藏画集》编辑委员会等．中国历代绘画故宫博物院藏画集．北京：人民美术出版社，1978—1990.

河北省博物馆，文物管理处．河北省出土文物选集．北京：文物出版社，1980.

山东省博物馆，山东省文物考古研究所．山东汉画像石选集．济南：齐鲁书社，1982.

中国社会科学院考古研究所．新中国的考古发现和研究．北京：文物出版社，1984.

叶其峰．故宫博物院藏肖形印选．北京：人民美术出版社，1984.

中国历史博物馆．中国历史博物馆．北京：文物出版社、株式会社讲谈社，1984.

天津市艺术博物馆．天津市艺术博物馆．北京：文物出版社、株式会社讲谈社，1984.

中国美术全集辑委员会．中国美术全集．北京：人民美术出版社、文物出版社、台湾锦绣出版社等，1989.

中国陶瓷辑委员会．中国陶瓷．上海：上海人民美术出版社，1985.

故宫博物院．故宫博物院藏雕漆．北京：

文物出版社，1985.

《中国青铜器全集》编辑委员会 . 中国青铜器全集 . 北京：文物出版社，1986.

故宫博物院紫禁城出版社 . 故宫博物院藏宝录 . 上海：上海文艺出版社、三联书店香港分店，1986.

李正光 . 汉代漆器艺术 . 北京：文物出版社，1987.

张纪仲，安笈 . 太原崇善寺文物图录 . 太原：山西人民出版社，1987.

王世襄 . 中国古代漆器 . 北京：文物出版社，1987.

周芜 . 中国版画史图录 . 上海：上海人民美术出版社，1988.

中国社会科学院考古研究所，定陵博物馆，北京市文物工作队，等 . 定陵掇英 . 北京：文物出版社，1989.

《中国壁画全集》编辑委员会 . 中国壁画全集 . 沈阳：辽宁美术出版社、天津人民出版社等，1989.

中国文物交流服务中心《中国文物精华》编辑委员会 . 中国文物精华（1992）. 北京：文物出版社，1992.

中国文物交流服务中心《中华文明大图集》编辑委员会 . 中华文明大图集 . 北京：人民日报出版社，1992.

中国文物交流服务中心《中国文物精华》编辑委员会 . 中国文物精华（1990）. 北京：文物出版社，1990.

故宫博物院陈列部 . 故宫博物院历代艺术馆陈列品图目 . 北京：文物出版社，1991.

李经伟 . 中国古代医史图录 . 北京：人民卫生出版社，1992.

《中国玉器全集》编辑委员会 . 中国玉器全集 . 石家庄：河北美术出版社，1993.

《中国文物精华》编辑委员会 . 中国文物精华（1993）. 北京：文物出版社，1993.

温廷宽：中国肖形印大全 . 太原：山西古籍出版社，1995.

故宫博物院 . 故宫藏玉 . 北京：紫禁城出版社，1996.

《中国文物精华》编辑委员会 . 中国文物精华（1997）. 北京：文物出版社，1997.

河北省文物研究所 . 河北古代墓葬壁画（精）. 北京：文物出版社，2000.

蒋英炬，杨爱国 . 汉代画像石与画像砖：20 世纪中国文物考古发现与研究丛书 . 北京：文物出版社，2001.

万树勋，王丽敏 . 河北民俗文化丛书：曲阳石雕 . 北京：科学出版社，2011.

中华世纪坛艺术馆，故宫博物院 . 清宫宴乐藏珍 . 北京：北京出版社，2002.

柏乡县人民政府 . 河北柏乡金石录 . 北京：文物出版社，2006.

河北省文物研究所 . 河北省考古文集（三）. 北京：科学出版社，2007.

河北省文物研究所．珍瓷赏真：河北省文物研究所藏瓷选介．北京：科学出版社，2007.

解文超．先秦兵书研究．上海：上海古籍出版社，2007.

杨泓．中国古兵与美术考古论集．北京：文物出版社，2007.

周大明．燕赵文化研究系列丛书：河北舞蹈史（精）．北京：科学出版社，2009.

萧亢达．汉代乐舞百戏艺术研究（修订版）．北京：文物出版社，2010.

山西省图书馆．图说山西舞蹈史．太原：三晋出版社，2010.

［日］林巳奈夫．刻在石头上的世界：画像石述说的古代中国的生活和思想．北京：商务印书馆，2010.

申献友．河北民俗文化丛书：河北陶瓷．北京：科学出版社，2010.

河北省文物局．河北文物精华：战国中山文明．广州：岭南美术出版社，2001.

魏兵．中国兵器甲胄图典．北京：中华书局，2011.

高文．中国画像石棺全集．太原：三晋出版社，2011.

南水北调中线干线工程建设管理局，河北省南水北调工程建设领导小组办公室，河北省文物局，等．内丘张夺发掘报告（南水北调中线一期工程文物保护项目河北省考古发掘报告第3号）．北京：科学出版社，2011.

黄雅峰．汉画像石画像砖艺术研究．北京：中国社会科学出版社，2011.

顾乃武．战国至唐之河北风俗研究．北京：人民出版社，2012.

刘永华．中国古代军戎服饰．北京：清华大学出版社，2013.

王娟．汉代画像石审美研究：以陕北、晋西北地区为中心．北京：文物出版社，2013.

刘永华．中国古代车舆马具．北京：清华大学出版社，2013.

苏辉．秦三晋纪年兵器研究．上海：上海古籍出版社，2013.

故宫博物院．故宫博物院藏中国古代窑址标本：河北．北京：故宫出版社，2013.

中央民族大学民族学与社会学院，涿州市文物保管所．北城村：冀中平原的新石器时代文化．北京：科学出版社，2014.

河北博物院．河北博物院基本陈列：名窑名瓷．北京：文物出版社，2014.

南水北调中线干线工程建设管理局，河北省南水北调工程建设领导小组办公室，河北省文物局，等．石家庄元氏、鹿泉墓葬发掘报告（南水北调中线一期工程文物保护项目河北省考古发掘报告第6号）．北京：科学出版社，2014.

河北博物院．河北博物院基本陈列——北朝壁画　曲阳石雕．北京：文物出版社，2014.

刘文锁．骑马生活的历史图景．北京：商务印书馆，2014.

河北博物院．河北博物院基本陈列——战国雄风　古中山国．北京：文物出版社，2014.

河北博物院．河北博物院基本陈列——大汉绝唱　满城汉墓．北京：文物出版社，2014.

隆化民族博物馆．洞藏锦绣六百年：河北隆化鸽子洞洞藏元代文物（精）．北京：文物出版社，2015.

任慧峰．珞珈国学丛书：先秦军礼研究．北京：商务印书馆，2015.

首都博物馆，天津博物馆，河北博物院．地域一体 文化一脉：京津冀历史文化．科学出版社，2015.

邹清泉．行为世范：北魏孝子画像研究．北京：北京大学出版社，2015.

孙机．载驰载驱：中国古代车马文化．上海：上海古籍出版社，2016.

赵荣，王建武，陈爱兰，等．熠熠青铜 光耀四方：秦晋豫冀两周诸侯国青铜文化．西安：陕西旅游出版社，2016.

河北博物院．河北博物院基本陈列：石器时代的河北、河北商代文明．北京：文物出版社，2016.

张文瑞，翟良富．后迁义遗址考古发掘报告及冀东地区考古文化研究．北京：文物出版社，2016.

首都博物馆，天津博物馆，河北博物院．金玉满堂：京津冀古代生活展．北京：科学出版社，2017.

后记

本图录为2015年度国家社会科学基金重大项目（批号：15XDB146）《中国古代体育文物调查与数据库建设》的子课题。

自2015年11月5日本课题立项以来，在首席专家毛丽娟教授的指导下，组成了由郑州大学特聘教授、国家体育总局体育文化发展中心研究员、博士生导师崔乐泉，滨州学院张红霞教授为负责人的子课题组。参与成员有（按姓氏笔画为序）聊城大学丛振博士、郑州航空学院邢金善教授、郑州吉鹿文化传播有限公司杜璐老师、教育部教育科学院李永明研究员、天津体育学院杨祥全教授、大同大学赵岷研究员、河北大学秦双兰教授、郑州大学郭红卫副教授以及江苏建筑职业技术学院韩冰雪老师。

在近四年的时间里，课题组成员先后在华北地区的北京市、天津市、河北省和山西省的文物博物馆系统，进行了全面调研和相关资料的搜集工作，整理出了数百幅古代体育文物图片资料。与此同时，课题组成员还通过国家图书馆、华北地区各级图书馆，对各种文献所载古代体育文物资料做了全面统计和整理。在上述工作的基础上，我们通过对全部搜集资料的汇整和统计，参考通行的古代体育项目分类，对整理后的华北地区的古代体育文物资料做出了分类。并在吸收国内外历史学界、文化史学界、考古学界和体育史学界同类研究成果的基础上，对分类后的全部体育文物图片做出了信息标注。这些信息包括名称、时代、出土时间和地点（或收藏单位）、文物质地以及所代表项目。

但鉴于部分古代体育文物图片资料记载和调研工作的局限，部分古代体育文物的信息还是有所阙如。为此，我们将在以后的调研工作中加以完善。

本图录的完成，得到了上海体育学院及课题组成员所属单位的大力支持。同时，华北地区的北京市、天津市、河北省和山西省的各级文博系统的和各级图书馆也在我们调研和搜集资料的过程中提供了各种方便。在此，我们表示深深感谢！

2019 年 10 月 29 日